Ärka,

Iisrael

„Päike muutub pimedaks ja kuu vereks,
enne kui tuleb Isanda päev,
suur ja kardetav.
Ja sünnib, et igaüks,
kes hüüab appi Isanda nime,
pääseb.
Sest Siioni mäel ja Jeruusalemmas
on pääste,
nii nagu Isand on öelnud;
ja pääsenute hulgas on need, keda Isand kutsub."

(Joel 3:4-5)

Ärka, Iisrael

Dr. Jaerock Lee

Ärka, Iisrael – Dr. Jaerock Lee
Kirjastaja: Urim Books (Esindaja: Seongnam Vin)
361-66, Shindaebang-Dong, Dongjak-Gu, Sõul, Korea
www.urimbooks.com

Autoriõigusele allutatud. Seda raamatut või selle osasid ei ole lubatud kirjastaja kirjaliku loata mingil kujul reprodutseerida, otsingusüsteemis säilitada ega edastada mingil kujul ega mingite elektroonsete, mehaaniliste vahenditega sellest fotokoopiaid ega salvestusi teha ega seda mingil muul viisil edastada.

(Piiblitsitaadid: Piibel, Tallinn, 1997 – Eesti Piibliseltsi väljaanne)

Autoriõigus © 2020 – Dr. Jaerock Lee
ISBN: 979-11-263-0597-1 03230
Tõlke autoriõigus © 2011 – Dr. Esther K. Chung. Kasutatud tõlkija loal.

Eelnevalt kirjastatud korea keeles – Urim Books, 2007

Esimene väljaanne: veebruar, 2020

Toimetaja: Dr. Geumsun Vin
Kujundus: Urim Books toimetusbüroo
Trükkija: Yewon Printing Company
Lisateabeks võtke ühendust: urimbook@hotmail.com

Sissejuhatus

20. sajandi koidikul leidsid Palestiina raatmaal, kus keegi ei soovinud tol ajal elada, aset märkimisväärsed sündmused. Juudid, kes olid hajutatud Ida-Euroopasse, Venemaale ja ülejäänud maailma, hakkasid massiliselt minema ohakaid, vaesust, nälga, haiguseid ja piinu täis maale. Hoolimata malaaria ja nälja tekitatud kõrgest suremusest, ei kaotanud juudid oma suurt usumäära ega ambitsioone, vaid hakkasid ehitama kibutsit (töökoht Iisraelis, näiteks farm või tehas, kus töötajad elavad ühiselt ja jagavad kõiki kohustusi ja sissetulekut). Nii nagu kaasaja sionismi rajaja Theodor Herzl väitis: „Kui seda soovida, ei ole tegu unistusega," sai Iisraeli riigi taastamine tegelikkuseks.

Ausalt öeldes peeti Iisraeli riigi taastamist võimatuks unistuseks ja mitte keegi ei suutnud seda uskuda. Aga juudid täitsid selle unistuse ja Iisraeli riigi sünd andis neile esmakordselt umbes 1900 aastat hiljem ime läbi tagasi nende riigi.

Iisraeli rahvas pidas kinni oma usust, kultuurist, oma keelest ja täiustas neid pidevalt, hoolimata sajanditepikkusest tagakiusust ja piinamisest ajal, kui neid pillutati maadesse, mis ei kuulunud neile. Pärast tänapäeva Iisraeli riigi asutamist harisid nad viljatu maa ja pöörasid suurt tähelepanu paljude tööstusharude arendamisele, mis võimaldas nende maal liituda arenenud maadega ning see on imeline rahvas, kes on vastu pannud ja edenenud keset pidevaid väljakutseid ja nende riigi eluvõimelisuse ähvardamist.

Pärast 1982. aastal Manmini Keskkoguduse asutamist ilmutas Jumal mulle Püha Vaimu sisenduse teel palju Iisraeli kohta, kuna Iisraeli sõltumatus oli lõpuaja ja Piibli prohvetlike ettekuulutuste täitumise märgiks.

Rahvad, kuulge Isanda sõna ja kuulutage kaugetel saartel ning öelge: "Tema, kes pillutas Iisraeli, kogub ja hoiab teda, nagu karjane oma karja!" (Jeremija 31:10).

Jumal valis Iisraeli rahva, et ilmutada oma ettehoolet, millega Ta lõi inimese ja on teda kasvatanud. Esiteks tegi Jumal Aabrahami usuisaks ja määras ametisse Iisraeli asutaja Aabrahami lapselapse Jaakobi ning Jumal kuulutas oma tahet Jaakobi järeltulijatele, tehes teoks inimkonna kasvatamise ettehoolde.

Kui Iisrael uskus Jumala Sõna ja elas Ta tahtele kuulekalt, oli ta väga suures aus ja kõik rahvad austasid teda. Aga kui Iisrael Jumalast kaugenes ja Talle sõnakuulmatu oli, tabasid teda paljud piinad, kaasa arvatud välisinvasioonid ja riigi kodanikud olid sunnitud igas maailmanurgas ränduritena elama.

Aga isegi siis kui Iisrael seisis pattude tõttu raskustega silmitsi, ei jätnud ega unustanud Jumal neid kunagi. Iisrael oli alati Jumala ja Aabrahami lepingu läbi Jumalaga seotud ja Jumal ei lakanud kunagi nende heaks tegutsemast.

Jumala erakordse hoole ja juhatusega hoiti Iisraeli rahvast alati, nad said iseseisvuse ja neist sai taas riik, mis oli üle teistest riikidest. Kuidas võis Iisraeli rahvas säiluda ja miks taastati Iisraeli riik?

Paljud ütlevad ehk: „Juudi rahva ellujäämine on ime." Kuna

diasporaa ajal läbi elatud juudi rahva tagakiusu ja rõhumise liike ja suurust ei ole võimalik kirjeldada ega ette kujutada, tunnistab üksnes Iisraeli ajalugu Piibli paikapidevust.

Jah, pärast Jeesuse Kristuse teist tulekut leiab aset veel suuremal määral häda ja ahastust, kui juutidel on varem olnud. Muidugi, inimesed, kes on Jeesuse Päästjaks vastu võtnud, võetakse üles õhku ja nad osalevad Isandaga pulmasöömaajal. Neid, kes ei võtnud Jeesust oma Päästjaks, aga ei tõsteta Tema tagasituleku ajal õhku ja nad kannatavad seitse aastat suurt viletsust.

„Sest vaata, päev tuleb, põlev nagu ahi, ja kõik ülbed ja kõik, kes pattu teevad, on nagu kõrred. Ja see päev, mis tuleb, põletab nad ära, ütleb vägede Isand, ega jäta neile ei juurt ega oksa" (Malaki 4:1).

Jumal on mulle juba üksikasjalikult ilmutanud viletsuse kohta, mis seitsmeaastase viletsuseaja jooksul sündima hakkab. Seepärast soovin ma südamest, et Jumala valitud Iisraeli rahvas võtaks kakstuhat aastat tagasi maa peal elanud Jeesuse viivitamatult oma Päästjaks, et mitte keegi nende seast ei jääks suureks viletsuseajaks kannatama.

Jumala armu kaudu panin ma selle juutide tuhandete aastate pikkusele Messiase igatsusele ja ajastu jooksul pidevalt esilekerkivatele küsimustele vastuseid andva teose kirja ja pühendasin selle neile.

Võtku iga selle raamatu lugeja Jumala kõigeks valmis oleva armastuse sõnumit südamega, et viivitamatult kohtuda Messiasega, kelle Jumal saatis kogu inimkonnale!

Ma armastan teid kõiki kogu südamest.

2007. aasta november
Ketsemane palvekojas

Jaerock Lee

Eessõna

Ma tänan ja austan Jumalat meie juhtimise ja õnnistamise eest, mis võimaldas meil lõpuajal välja anda raamat *Ärka, Iisrael!* See teos avaldati Iisraeli äratada ja päästa ihkava Jumala tahte kohaselt ja seda korraldas mitte ühtegi hinge kaotada sooviv Jumal oma mõõtmatu armastuse läbi.

1. peatükis: „Iisrael: Jumala valitu," uuritakse, miks Jumal lõi inimkonna ja kasvatas seda maa peal ja Tema ettehoolet, millega Ta valis inimajaloo jooksul Iisraeli rahva ja valitseb seda kui väljavalitud rahvast. Selles peatükis tutvustatakse ka Iisraeli suuri usuisasid ja meie Isandat, kes tuli kõigi rahvaste Päästjast rääkiva prohvetikuulutuse kohaselt Taaveti kojast maailma.

Messiasest rääkivate Piibli prohvetikuulutuste lähem vaatlemine 2. peatükis: „Jumala saadetud Messias," annab tunnistust, et Jeesus on Messias, kelle tulekut Iisrael ootab praegugi pikisilmi ja kuidas Ta vastab maa lunastamise seaduse kohaselt kõigile inimkonna Päästja tingimustele. Pealegi uuritakse teises peatükis, kuidas Jeesus täitis kõik Vana Testamendi Messiasest kõnelevad prohvetlikud ettekuulutused ja Iisraeli ajaloo ja Jeesuse surma seost.

Kolmandas peatükis: „Jumal, keda Iisrael usub," vaadatakse lähemalt Iisraeli rahvast, kes peab ikka veel rangelt käsuseadusest ja selle ettekirjutustest kinni ja selgitab neile, mis on Jumalale meelepärane. Lisaks manitsetakse neid selles peatükis neile esiteks käsuseaduse andnud Jumala tõelist tahet mõistma ja käsuseadust armastuse teel täitma, tuletades neile meelde, et nad on oma vanemate sisseseatud kommete tõttu Jumala tahtest eemale läinud.

Viimases peatükis „Vaadake ja kuulake!" uuritakse meie aega, mida Piiblis kutsutakse „lõpuajaks" ja samuti antikristuse kohest tulekut ja antakse seitsmeaastase kannatusaja ülevaade. Lisaks palutakse viimases peatükis tungivalt, et Iisraeli rahvas ei hülgaks viimast pääsemise võimalust, tunnistades Jumala kahest saladusest, mille Ta valmistas oma piiritust armastusest oma valitute vastu, et Iisraeli rahvas võiks inimkonna kasvatamise viimastel hetkedel pääseda.

Kui esimene inimene Aadam tegi sõnakuulmatusest pattu ja ta aeti Eedeni aiast välja, lasi Jumal tal Iisraelis elada. Seega on Jumal inimkonna kasvatamise ajaloo jooksul oodanud aastatuhandeid ja ootab ka täna, lootes saada omale tõelisi lapsi. Enam ei ole aega viivituseks ega raisata. Ma palun kogu südamest, et igaüks teie seast mõistaks, et me elame tõesti lõpuajal ja valmistuks vastu võtma meie Isandat, kes naaseb kuningate Kuninga ja isandate Isandana.

2007. aasta november
Geum-sun Vin,
peatoimetaja

Sisukord

Sissejuhatus
Eessõna

1. peatükk
Iisrael: Jumala valitu

Inimkonna kasvatamise algus _ 3
Suured usuisad _ 17
Jeesusest Kristusest tunnistavad inimesed _ 34

2. peatükk
Jumala saadetud Messias

Jumal tõotab Messiast _ 53
Messiase omadused _ 59
Jeesus täidab prohvetikuulutused _ 72
Jeesuse surm ja prohvetlikud kuulutused Iisraeli kohta _ 80

3. peatükk
Jumal, keda Iisrael usub

    Seadus ja tavad _ 89
    Tõeline põhjus, miks Jumal andis käsuseaduse _ 98

4. peatükk
Vaadake ja kuulake!

    Maailma lõpuaja poole _ 117
    Kümme varvast _ 132
    Jumala lakkamatu armastus _ 143

„Taaveti täht," Iisraeli lipul olev juudi kogukonna sümbol

1. peatükk
Iisrael: Jumala valitu

Inimkonna kasvatamise algus

Iisraeli suur juht Mooses, kes vabastas iisraellased Egiptuse vangipõlvest ja viis nad tõotatud Kaananimaale ning teenis Jumala usaldusmehena, pani 1. Moosese raamatus esiteks kirja järgmist:

Alguses lõi Jumal taeva ja maa (1:1).

Jumal lõi taevad ja maa ja kõik, mis selle peal oli, kuue päevaga ja puhkas seitsmendal päeval ning õnnistas ja pühitses seda. Miks siis Looja Jumal lõi universumi ja kõik, mida see sisaldab? Miks Ta lõi inimese ja lasi arvukatel inimestel pärast Aadamat maa peal elada?

Jumal tahtis inimesi, kellega igavesti armastust jagada

Enne taevaste ja maa loomist oli kõigeväeline Jumal piiramatus universumis olemas heli sisaldava valguse näol. Pärast pikka üksioleku aega soovis Jumal inimesi, kellega igavesti armastust jagada.

Jumalal ei olnud üksnes jumalik loomus, mis määratles Teda kui Loojat, vaid ka inimlik loomus, millega Ta tundis rõõmu, viha, kurbust ja heameelt. Seega Ta soovis teisi armastada ja nende vastuarmastust. Piiblis on palju viiteid, mis osutavad Jumala inimlikule loomusele. Ta rõõmustas ja Tal oli hea meel iisraellaste õigetest tegudest (5. Moosese raamat 10:15; Õpetussõnad 16:7), aga Ta kurvastas ja vihastus kui nad pattu tegid (2. Moosese raamat 32:10; 4. Moosese raamat 11:1, 32:13).

On aegu, mil igaüks soovib olla omaette, aga ta on palju rõõmsam ja õnnistatum kui tal on sõber, kellega südamest suhelda. Kuna Jumalal on inimlik loomus, soovis Ta inimesi, keda armastada ja kelle südamesse süüvida ja vastupidi.

„Kas poleks rõõmustav ja liigutav omada lapsi, kes võiksid mõista minu südant ja keda ma võiksin armastada ja kes armastaksid mind selles hiiglasuures, ent põhjatus sfääris?"

Seega Jumal mõtles oma äravalitud ajaks välja plaani, et saada omale tõelised lapsed, kes Temale sarnaneksid. Selle jaoks ei loonud Ta mitte üksnes vaimumaailma, vaid ka füüsilise maailma, kus inimkond elama hakkas.

Mõned võivad mõtiskleda: „Taevas on palju taevavägesid ja ingleid, kes on väga ja väga kuulekad. Miks võttis Jumal vaevaks inimest luua?" Aga välja arvatud mõned inglid, enamikul taevavägedest ei ole inimloomust, mis on armastamiseks ja armastuse tundmiseks vajalikest algmõistetest kõige olulisem: neil puudub vaba tahe, millega oma valikuid teha. Sellised taevased olevused on robotite laadsed; nad kuuletuvad sellele, mida neil teha käsitakse, aga nad ei tunne rõõmu, viha, kurbust ega head meelt ja nad ei suuda südamest teisi armastada ega vastuarmastust tunda.

Oletame, et on kaks last ja üks nende seast ei väljenda kunagi oma tundeid, arvamusi ega armastust, ta on kuulekas ja täidab kõiki käske hästi. Aga olgugi et teine laps valmistab oma vanematele aeg-ajalt oma vaba tahet kasutades pettumust, on ta kiire oma valedest tegudest meelt parandama, ta hoiab vanematest armastusega kinni ja väljendab oma südames olevaid tundeid erinevatel viisidel.

Keda te nende kahe seast eelistaksite? Kõige tõenäolisemalt valiksite te neist viimase. Isegi kui teil on robot, kes teeb teie eest kõik kodutööd, ei eelistaks keegi teie seast oma lastele robotit. Samamoodi eelistas Jumal robotilaadsetele taevavägedele ja inglitele inimest, kes kuuletuks Talle rõõmsalt oma mõtete ja tunnetega.

Jumala ettehoole tõeliste laste saamiseks

Pärast esimese inimese Aadama loomist, jätkas Jumal Eedeni aia loomist ja andis inimesele selle üle valitsuse. Eedeni aias oli kõike rohkesti ja Aadam valitses oma vaba tahte ja Jumalalt saadud meelevallaga kõige üle. Aga seal oli üks asi, mida Jumal oli tal teha keelanud.

Kõigist aia puudest sa võid küll süüa, aga hea ja kurja tundmise puust sa ei tohi süüa, sest päeval, mil sa sellest sööd, pead sa surma surema!* (1. Moosese raamat 2:16-17).

Selle süsteemi kehtestas Jumal Looja Jumala ja loodud inimkonna vahele ja Ta tahtis, et Aadam kuuletuks Talle oma vabast tahtest ja südamepõhjast. Aga kui kaua aega möödus, ununes Aadamal Jumala Sõna meelespidamine ja ta tegi sõnakuulmatuse pattu, süües hea ja kurja tundmise puust.

1. Moosese raamatu 3. peatükis on sündmus, kus saatana poolt ässitatud madu küsis Eeva käest: „Kas Jumal on tõesti öelnud, et te ei tohi süüa mitte ühestki rohuaia puust?" (1. salm) Eeva vastas: „Jumal on öelnud: „Te ei tohi sellest [aia keskel olevast puust] süüa ega selle külge puutuda, et te ei sureks" (2. salm).

Jumal ütles Eevale selgelt: „Sellel päeval kui sa sellest puust sööd, pead sa surma surema," aga ta muutis Jumala käsku ja ütles: „Te surete!"

Kui madu sai aru, et Eeva ei võtnud Jumala käsku südamega, muutus ta ahvatlemine veelgi agressiivsemaks. Ta ütles Eevale: „Te ei sure, kindlasti mitte!" Ja lisas: „Aga Jumal teab, et päeval, mil te sellest sööte, lähevad teie silmad lahti ja te saate Jumala sarnaseks, tundes head ja kurja" (5. salm).

Kui saatan hingas naise mõtlemisse ahnust, hakkas hea ja kurja tundmise puu talle teistmoodi tunduma. Ta nägi, et puust oli hea süüa, ja see tegi ta silmadele himu, ja et puu oli ihaldusväärne, sest see pidi targaks tegema. Eeva võttis selle viljast esimesena ja sõi ja andis ka oma mehele ja tema sõi.

Nii sooritasid Aadam ja Eeva Jumala Sõnale mitte kuuletumise patu ja lõpetasid sellega, et pidid surma surema (1. Moosese raamat 2:17).

Siin ei tähista „surm" ihulikku surma, mille käigus inimese ihus lakkab hingamine, vaid vaimset surma. Pärast hea ja kurja tundmise puust söömist sai Aadam lapsi ja suri 930. aastaselt (1. Moosese raamat 5:2-5). Juba üksnes see annab meile teada, et „surm" ei tähista siin vaid füüsilist surma.

Inimene loodi esialgu vaimu, hinge ja ihu koosluseks. Tal oli vaim, millega ta sai Jumalaga suhelda; hing, mis oli vaimu valitsuse all ja ihu, mis varjas nii vaimu kui hinge. Jumala käsu hülgamise ja patu tegemise tulemusel vaim suri ja selle suhtlemine Jumalaga katkes samuti ning see on „surm", millest Jumal rääkis 1. Moosese raamatus 2:17.

Pärast patustamist aeti Aadam ja Eeva ilusast ja rikkalikust Eedeni aiast välja. Sellest sai alguse kogu inimkonna piin. Naise sünnitusvaev muutus palju suuremaks, naine himustas nüüd oma meest ja mees valitses ta üle, aga mees pidi kogu eluaja jooksul vaevaga sööma neetud maapinnast (1. Moosese raamat 3:16-17).

Sellest räägitakse 1. Moosese raamatus 3:23: „*Siis saatis Isand Jumal tema Eedeni rohuaiast välja, et ta hariks maad, millest ta oli võetud.*" Siin tähistab „maa harimine" mitte vaid mehe palgehigis leiva söömist, vaid tõsiasja, et ta – maapõrmust tehtu – pidi samuti maa peal elades „oma südant harima."

Inimese kasvatamine algas Aadama pattulangemisest

Aadam loodi elusolendiks ja ta südames ei olnud kurja, seega ta ei pidanud oma südant harima. Aga pärast pattulangemist oli Aadama süda määrdunud vale tõttu ja tal oli vaja oma süda puhtaks saada, selliseks, nagu see oli enne pattulangemist.

Seega pidi Aadam oma vale ja patu tõttu rikutud südame puhtaks tegema ja pärast pattulangemist tulema esile kui Jumala tõeline laps. Kui Piiblis öeldakse: „Jumal saatis ta Eedeni aiast välja, et harida maad, millest ta oli võetud," tähendab see seda ja sellele viitatakse kui „Jumala poolsele inimkonna harimisele."

Tavapäraselt tähistab „harimine" protseduuri, mille käigus põllumees külvab seemned, hoolitseb vilja eest ja koristab vilja. Selleks, et maapealset inimkonda „harida" ja „Jumala lapsi" tähistavat head vilja saada, külvas Jumal esimesed seemned – Aadama ja Eeva. Jumalale mitte kuuletunud Aadama ja Eeva kaudu sündisid arvukad lapsed ja Jumala inimkonna harimise kaudu sündisid arvukad inimesed Jumala lasteks, harides oma südant ja taastades Jumala kadumaläinud kuju.

Seega tähistab „Jumala inimkonna harimine" kogu protsessi, kus Jumal võtab tõeliste laste saamiseks vastutuse ja valitseb inimkonna ajalugu, nende loomisest kohtumõistmiseni.

Nii nagu põllumees saab pärast esialgset seemnekülvi võitu

üleujutustest, põudadest, külmast, rahest ja söödikutest ning koristab lõpuks ilusat meeldivat vilja, on Jumal valitsenud kõike, et saada tõelisi lapsi, kes tulevad esile pärast surma, haiguse, lahkumise ja muude elu jooksul kogetud selle maailma kannatuste läbimist.

Põhjus, miks Jumal pani Eedeni aeda hea ja kurja tundmise puu

Mõned küsivad: „Miks Jumal pani aeda hea ja kurja tundmise puu, mille tõttu inimene patustas ja mis tõi hävingu?" Jumal pani aeda hea ja kurja tundmise puu oma imelise ettehoolde tõttu, mille kaudu Ta teeb inimesed teadlikuks „suhtelisusest."

Suurem osa inimestest eeldab, et Aadam ja Eeva tundsid Eedeni aias elades vaid õnne, kuna seal polnud pisaraid, kurbust, haigust ega piina. Aga Aadam ja Eeva ei tundnud tõelist õnne ega armastust, sest Eedeni aias puudus neil ettekujutus suhtelisusest.

Näiteks, kuidas reageeriksid kaks last, kes saavad sama mänguasja, kui üks laps on sündinud ja kasvanud jõukas peres ja teine puudust tundvas peres? Teine laps oleks rõõmsam ja südamest tänulikum kui rikkast perest pärit laps.

Kui millegi tõelist väärtust mõista, tuleb selle täielikku vastandit teada ja kogeda. Ainult siis kui te olete haiguse tõttu kannatanud, suudate te hea tervise tõelist väärtust hinnata. Ainult siis kui te olete teadlik surma ja põrgu olemasolust, suudate te hinnata igavese elu väärtust ja tänada armastuse

Jumalat kogu südamest selle eest, et Ta andis teile igavese Taeva. Esimene inimene Aadam tundis rikkalikus Eedeni aias rõõmu kõigest Jumala antust, ka meelevallast iga ülejäänud olendi üle valitsemiseks. Aga kuna miski polnud tema töö ja palehigi läbi saadud, ei suutnud Aadam nende asjade tähtsust täielikult mõista ega Jumalat nende eest tänada. Alles siis kui Aadam aeti sellesse maailma ja ta koges pisaraid, kurbust, haigusi, piina, ebaõnne ja surma, hakkas ta mõistma rõõmu ja kurbuse vahet ja kui väärtuslik oli Eedeni aias Jumalalt saadud vabadus ja rikkus.

Mida head teeks meile igavene elu, kui me ei tunneks rõõmu ega kurbust? Isegi kui me seisame veidi aega raskustega silmitsi, kui me hiljem mõistame ja ütleme: „See on rõõm!", muutub me elu palju väärtuslikumaks ja õnnistatumaks.

Kas on olemas vanemaid, kes ei saada oma lapsi kooli, vaid lasevad neil lihtsalt kodus olla, sest nad teavad, et õppimine on raske? Kui vanemad tõesti oma lapsi armastavad, saadavad nad lapsed kooli ja juhatavad neid usinalt raskeid asju õppima ja erinevaid asju kogema, et nende tulevik oleks parem.

Inimsoo loonud ja seda kasvatava Jumala süda on täpselt samasugune. Just sellepärast pani Jumal aeda hea ja kurja tundmise puu ja ei takistanud Aadamat oma vaba tahte otsuse alusel puust söömast ning lasi tal inimkonna kasvatamise käigus kogeda rõõmu, viha, kurbust ja naudingut. See sündis, kuna inimene suudab alles siis, kui ta on kogenud suhtelisust ja mõistnud tõelist armastust, rõõmu ja tänulikkust, kogu südamest armastada ja kummardada Jumalat, kes on Armastus ja Tõde ise.

Jumal tahtis inimese kasvatamise protsessi kaudu saada omale tõelisi lapsi, kes tunneksid Ta südant ja järgiksid seda, et nendega Taevas elades alati igavest ja tõelist armastust jagada.

Inimese kasvatamine algab Iisraelis

Kui esimene inimene Aadam aeti Jumala Sõnale mitte kuuletumise tõttu Eedeni aiast välja, ei antud talle õigust valida maad, kuhu elama asuda, vaid selle asemel määras Jumal tema jaoks ühe ala. See ala oli Iisrael. Selles sisaldus Jumala tahe ja ettehoole. Pärast inimkonna kasvatamise suure plaani tegemist valis Jumal Iisraeli rahva inimkonna kasvatamise mudeliks. Sellepärast lubas Jumal Aadamal spetsiaalselt elada uut elu maal, kuhu tulevikus rajati Iisraeli riik.

Aja jooksul said Aadama järeltulijaist alguse arvukad rahvad ja Iisraeli rahvas moodustus Aabrahami järeltulija Jaakobi ajal. Jumal soovis ilmutada oma au ja inimkonna kasvatamise ettehoolet kogu Iisraeli ajaloo vältel. See ei olnud üksnes iisraellastele, vaid kõigile maailma inimestele. Seega ei ole Iisraeli ajalugu, mida Jumal ise on valitsenud, pelgalt inimajalugu, vaid jumalik sõnum kogu inimkonnale.

Miks Jumal valis siis Iisraeli inimkonna kasvatamise

mudeliks? See oli nende parima iseloomu ehk teiste sõnadega, nende suurepärase sisima inimese tõttu.

Iisrael põlvneb „usuisast" Aabrahamist, kes valmistas Jumalale head meelt ja samuti Jaakobist, kes oli nii sitke, et ta võitles Jumalaga ja jäi peale. Sellepärast ei kaotanud Iisraeli rahvas oma identiteeti ka pärast kodumaa kaotamist ja sajandeid kestnud rändurielu.

Iisraeli rahvas on tuhandete aastate jooksul hoidnud alal jumalameeste prohvetlikult ette kuulutatud Jumala Sõna ja selle alusel elanud. Loomulikult, on olnud aegu, mille ajal kogu rahvas on Jumala Sõnast eemale läinud ja Tema vastu pattu teinud, aga lõpuks parandasid inimesed meelt ja naasesid Jumala juurde. Nad ei kaotanud kunagi usku oma Isandasse Jumalasse.

Iseseisva Iisraeli taastamine 20. sajandi alguses näitab selgelt selle Jaakobi järeltulijate rahva südant.

Hesekiel 38:8 öeldakse: *„Paljude päevade pärast kutsutakse sind, aastate möödudes pead sa tulema maale, mis mõõga järelt on taastatud, rahva juurde, kes on kogutud paljude rahvaste seast Iisraeli mägedele, mis olid kaua laastatud; see rahvas on ära toodud rahvaste seast ja nad kõik elavad julgesti."* Siin tähistab „paljude päevade pärast" lõpuaega, mil inimkonna kasvatamine jõuab lõpule ja „Iisraeli mäed" tähistavad Jeruusalemma linna, mis asub peaaegu 760 m (2494 jalga) merepinna tasemest kõrgemal.

Seega kui prohvet Hesekiel ütleb, et paljud „on kogutud paljude rahvaste seast Iisraeli mägedele," tähendab see, et iisraellased kogunevad kõikjalt maailmast ja taastavad Iisraeli riigi. Jumala Sõna alusel kuulutas Iisrael, mille roomlased hävitasid aastal 70 m.a.j., oma riigi välja 14. mail, 1948. See maa oli üksnes „kaua laastatud," aga tänaseks on iisraellased ehitanud üles tugeva riigi, mida teised riigid ei saa lihtsalt ignoreerida ega sellele väljakutseid esitada.

Jumala eesmärk iisraellaste valikul

Miks hakkas Jumal inimkonda kasvatama Iisraeli maal? Miks valis Jumal Iisraeli rahva ja valitses Iisraeli ajalugu?

Esiteks tahtis Jumal kuulutada kõigile rahvastele kogu Iisraeli ajaloo jooksul, et Tema oli taevaste ja maa Looja ja Tema üksi on tõeline Jumal ja Ta elab. Iisraeli ajalugu uurides saavad ka paganad lihtsalt tunda Jumala ligiolu ja mõista Tema ettehoolet inimkonna ajaloo valitsemisel.

Ja kõik maailma rahvad näevad, et sinule on pandud Isanda nimi, ja nad kardavad sind (5.Moosese raamat 28:10).

Õnnis oled sa, Iisrael! Kes on su sarnane? Rahvas, keda Isand on päästnud? Tema on kilp, kes sind aitab, mõõk, kes sind ülendab. Sinu vaenlased lömitavad su ees, aga sina tallad nende kõrgendikel (5. Moosese raamat 33:29).

Jumala valitu, Iisrael, on olnud väga privilegeeritud ja me võime seda Iisraeli ajaloost lihtsalt näha.

Näiteks kui Raahab võttis vastu kaks Joosua poolt Kaananimaad luurama saadetud meest, ütles ta neile: *„Sest me oleme kuulnud, kuidas Isand kuivatas teie eest Kõrkjamere vee, kui te Egiptusest lahkusite, ja mida te tegite kahe emorlaste kuningaga teisel pool Jordanit, Siihoni ja Oogiga, kelle te hävitasite sootuks. Kui me seda kuulsime, siis läksid meie südamed araks ja kelleski pole enam vastupanuvaimu teie ees, sest Isand, teie Jumal, on Jumal ülal taevas ja all maa peal"* (Joosua 2:9-11).

Iisraellaste Paabeli vangipõlve ajal käis Taaniel Jumalaga ja Paabeli kuningas Nebukadnetsar sai osa Jumalast, kellega Taaniel käis. Pärast seda kui kuningas oli Jumalast osa saanud, suutis ta vaid *„kiita, ülistada ja austada Taeva kuningat, sest kõik Tema teod on Tõde ja Tema teed on õiged! Tema võib alandada neid, kes käivad kõrkuses"* (Taaniel 4:34).

Sama juhtus siis, kui Iisrael oli Pärsia valitsuse all. Elava Jumala tegude ilmsiks saamisel ja vastuseks kuninganna Estri palvele: *„tunnistasid maa rahvast paljud endid juutideks, sest neid valdas hirm juutide ees"* (Ester 8:17).

Seega, siis kui paganadki said osa iisraellaste heaks tegutsevast elavast Jumalast, hakkasid nad Jumalat kartma ja austama. Ja isegi nende järeltulijad, kellest meie pärineme, said teadlikuks Jumala kuninglikkusest ja kummardavad Teda niisugustest sündmustest ja juhtumitest saadik.

Teiseks, Jumal valis Iisraeli ja juhatas iisraellasi, sest Ta tahtis, et kogu inimkond saaks Iisraeli ajaloo kaudu aru, miks Ta inimese lõi ja on inimesi kasvatanud.

Jumal kasvatab inimkonda, sest Ta tahab omale tõelisi lapsi. Jumala tõeline laps järgib Jumalat, kes on oma loomult headus ja armastus ja kes on õiglane ja püha – sest niisugused Jumala lapsed armastavad Teda ja elavad Tema tahte kohaselt.

Kui Iisrael elas Jumala käskude kohaselt ja teenis Teda, pani Ta iisraellased kõigist rahvastest ja riikidest kõrgemale. Aga vastupidiselt, kui Iisraeli rahvas teenis ebajumalaid ja kui nad olid kiired Jumala käske unustama, sattusid nad igasugustesse piinadesse ja neid tabasid hädad nagu sõda ja looduskatastroofid ning isegi vangipõlv.

Protsessi igas etapis õppisid iisraellased Jumala ees alanduma ja iga kord kui nad alandusid, taastas Jumal nad oma lakkamatu halastuse ja armastusega ja tõi nad oma armu rüppe.

Kui kuningas Saalomon armastas Jumalat ja pidas Ta käske, austati teda väga ja ta elas luksuslikult, aga kui kuningas hakkas Jumalast eemalduma ja ebajumalaid teenima, vähenes ta au ja luksus. Kui Iisraeli kuningad nagu Taavet, Joosafat ja Hiskija käisid Jumala käsuseaduse kohaselt, oli maa võimas ja edukas, aga Jumala teid vältivate kuningate valitsemise ajal oli maa nõrk ja seda tabasid võõrvägede sissetungid.

Iisraeli ajaloost võib niimoodi selgelt näha Jumala tahet ja see kajastab Jumala tahet kõigi rahvaste ja riikide jaoks. Tema tahe annab teada, et kui Jumala kuju ja sarnasuse järgi tehtud inimesed peavad Tema käsuseadusi ja saavad Tema Sõna kohaselt pühitsetud, saavad nad Jumala õnnistused ja elavad Ta soosingus.

Iisrael valiti Jumala ettehoolet kõikide riikide ja rahvaste seas ilmutama ja seda riiki on määratult õnnistatud, kuna see teenib Teda preesterliku rahvana, kelle vastutusel on Jumala Sõna. Isegi kui inimesed pattu tegid, andis Jumal nende patu andeks ja taastas nad kui nad alandliku südamega meelt parandasid, täpselt nii nagu Ta oli lubanud nende suurtele usuisadele.

Suurim Jumala lubatud õnnistus, mille Ta oma väljavalitute jaoks tallele pani, oli eelkõige imelise au tõotus, mille alusel Messias pidi nende seast tulema.

Suured usuisad

Inimkonna pika ajaloo jooksul on Jumal Iisraeli oma tiibade varjus hoidnud ja saatnud jumalamehed ettenähtud ajal, et Iisraeli nimi ei kaoks. Jumalamehed olid need, kes tulid esile õige viljana, kooskõlas Jumala inimkonna harimise ettehooldega ja kes püsisid Jumala Sõnas, Teda armastades. Jumal seadis Iisraeli suurte usuisade läbi Iisraeli rahvale aluse.

Usuisa Aabraham

Aabrahami peeti usuisaks tema usu ja sõnakuulelikkuse tõttu ja tema läbi pidi esile tulema suur rahvas. Ta sündis umbes nelja tuhande aasta eest Kaldea Uuris ja pärast Jumala kutset sai ta Jumala armastuse ja tunnustuse osaliseks ning teda kutsuti lausa Jumala „sõbraks."

Jumal kutsus Aabrahami ja andis talle järgmise tõotuse:

> Mine omalt maalt, omast sugukonnast ja isakojast maale, mille ma sulle näitan! Ma teen sind suureks rahvaks ja õnnistan sind, ma teen su nime suureks, et sa oleksid õnnistuseks! (1. Moosese raamat 12:1-2)

Sel ajal ei olnud Aabraham enam noor mees, tal polnud pärijat ja tal ei olnud aimugi, kuhu ta läheb; seega ei olnud just kerge kuuletuda. Isegi kui Aabraham ei teadnud, kuhu ta läheb, läks ta, sest ta usaldas üksnes ja täielikult oma tõotusi mitte kunagi tagasi võtva Jumala Sõna. Seega tegi Aabraham kõike usus ja sai oma eluajal kõik Jumala lubatud tõotused kätte.

Aabraham ei kuuletunud üksnes täielikult Jumalale ega teinud vaid usutegusid, vaid taotles alati ümberkaudsetega headust ja rahu.

Näiteks kui Aabraham lahkus Jumala käsu kohaselt Haaranist, tuli ta vennapoeg Lott temaga. Kui nende vara sai paljuks, ei saanud Aabraham ja Lott enam samale maale edasi jääda. Karjamaade ja vee vähesuses tekitas „riiu Aabrahami loomade karjaste ja Loti loomade karjaste vahel" (1. Moosese raamat 13:7). Isegi kui Aabraham oli hulga vanem, ta ei püüelnud ega nõudnud omakasu. Ta oli nõus oma vennapoja Loti parema maa valikuga. Ta ütles Lotile 1. Moosese raamatus 13:9: „*Eks ole kogu maa su ees lahti? Mine nüüd minu juurest ära, lähed sina vasakut kätt, lähen mina paremat kätt; lähed sina paremat kätt, lähen mina vasakut kätt.*"

Ja kuna Aabraham oli puhta südamega inimene, ei võtnud ta lõngaotsa ega jalatsipaelagi sellest, mis kuulus teistele (1. Moosese raamat 14:23). Kui Jumal ütles talle, et patust läbi imbunud Soodoma ja Gomorra linn hävitatakse, palus vaimse armastusega inimene Aabraham Jumalat ja Jumal lubas, et Ta ei hävita Soodomat, kui selles linnas leidub kümme õiglast inimest.

Aabrahami headus ja usk olid täuslikud, ta läks isegi

nii kaugele, et täitis Jumala käsku, mis nõudis ta ainsa poja põletusohvriks viimist.

1. Moosese raamatus 22:2 andis Jumal Aabrahamile käsu: *„Võta nüüd Iisak, oma ainus poeg, keda sa armastad, ja mine Morijamaale ning ohverda ta seal põletusohvriks ühel neist mägedest, mis ma sulle nimetan!"*
Iisak oli Aabrahamile saja aasta vanuses sündinud poeg. Enne Iisaki sündi oli Jumal juba Aabrahamile öelnud, et tema ihust sündinu saab ta pärijaks ja ja et ta saab sama palju järeltulijaid kui taevas on tähti. Kui Aabraham oleks järginud lihalikke mõtteid, ei oleks ta saanud Jumala käsuga päri olla ja Iisakit ohvriks tuua. Aga Aabraham kuuletus kohe ja ei pärinud põhjust.

Sel hetkel kui Aabraham sirutas välja oma käe, et pärast altari ehitamist Iisak surnuks lüüa, hüüdis teda Jumala ingel ja ütles: *„Aabraham, Aabraham! Ära pane kätt poisi külge ja ära tee temale midagi, sest nüüd ma tean, et sa kardad Jumalat ega keela mulle oma ainsat poega!"* (1. Moosese raamat 22:11-12) See oli õnnistatud ja liigutav vaatepilt.

Kuna Aabraham ei toetunud kunagi oma lihalikele mõtetele, ei olnud ta südames konflikti ega ärevust ja ta võis vaid kuuletuda Jumala käsule usus. Ta usaldas vaid ustavat Jumalat, kes täidab kindlasti kõik oma lubadused, kõigeväelist Jumalat, kes elustab surnuid ja armastuse Jumalat, kes soovib oma lastele vaid häid asju anda. Kuna Aabrahami süda oli üksnes kuulekas ja ta tegi usuteo, tunnustas Jumal teda kui usuisa.

Sellepärast, et sa seda tegid ega keelanud mulle

oma ainsat poega, ma õnnistan sind tõesti ja teen su soo väga paljuks – nagu tähti taevas ja nagu liiva mere ääres – ja su sugu vallutab oma vaenlaste väravad! Ja sinu soo nimel õnnistavad endid kõik maailma rahvad, sellepärast et sa võtsid kuulda mu häält!* (1. Moosese raamat 22:16-18)

Kuna Aabrahamil oli niisugune suur headus ja usk, mis oli Jumalale meelepärane, kutsuti teda Jumala „sõbraks" ja teda peeti usuisaks. Samamoodi sai ta kõigi rahvaste isaks ja kõigi õnnistuste allikaks, nii nagu Jumal talle tõotas kui Ta teda esiteks kutsus: „*Siis ma õnnistan neid, kes sind õnnistavad, panen vande alla selle, kes sind neab, ja sinu nimel õnnistavad endid kõik suguvõsad maa peal!*" (1. Moosese raamat 12:3).

Jumala ettehoole Iisraeli isa Jaakobi ja unenägija Joosepi kaudu

Iisak sündis usuisale Aabrahamile ja Iisakile sündisid kaks poega – Eesav ja Jaakob. Jumal valis juba emaihus Jaakobi, kelle süda oli venna omast parem. Hiljem kutsuti Jaakobit „Iisraeliks" ja temast sai alguse Iisraeli rahvas ning ta oli kaheteistkümne suguharu isa.

Jaakob ihaldas nii tuliselt Jumala õnnistusi ja vaimseid asju, et ta läks nii kaugele, et ostis läätseleeme eest oma vanema venna sünniõiguse ja krabas isa Iisakit pettes oma venna Eesavi õnnistused. Jaakobis oli valelikkust, aga Jumal teadis, et Jaakobi ümberkujunemise järgselt saab temast suurepärane astjas. Selletõttu lubas Jumal Jaakobile kakskümmend aastat katsumusi, et ta ego murduks täiesti ja ta alanduks.

Kui Jaakob kahmas kavalusega oma vanema venna Eesavi sünniõiguse, püüdis Eesav teda tappa ja Jaakob pidi tema eest pagema. Lõpuks hakkas Jaakob oma onu Laabani juures elama ja karjatses lambaid ja kitsesid. Ta pidi rügama onu lammaste ja kitsede eest hoolt kandes. Nii tunnistas ta 1. Moosese raamatus 31:40: *„Päeval piinas mind palavus ja öösel külm, ja uni põgenes mu silmist."* Jumal tasub igaühele külvatu eest. Ta nägi Jaakobi ustavust ja õnnistas teda suure rikkusega. Kui Jumal ütles, et Jaakob oma kodumaale naaseks, jättis Jaakob Laabani ja asus oma pere ja varaga koduteele. Kui Jaakob jõudis Jaaboki jõele, kuulis ta, et ta vend Eesav oli 400 mehega teiselpool jõge.

Jaakob ei saanud Laabani juurde naasta onule antud lubaduse tõttu. Ta ei saanud ka jõge ületada ja kättemaksust pakatava Eesavi suunas minna. Jaakob leidis end ohtlikust olukorrast ja ei toetunud enam oma tarkusele, vaid andis kõik palves Jumala kätte. Ta vabastas end täiesti kõigist oma mõtetest ja palus südamest Jumalat, kuniks ta nihestas oma puusaliigese.

Jaakob võitles Jumalaga ja sai Temast võitu, seega Jumal õnnistas teda sõnadega: *„Su nimi ärgu olgu enam Jaakob, vaid olgu Iisrael, sest sa oled võidelnud Jumala ja inimestega ja oled võitnud!"* (1. Moosese raamat 32:28) Siis võis Jaakob leppida ka oma venna Eesaviga.

Jumal valis Jaakobi, kuna ta oli väga visa ja õiglane, ent katsumuste läbi sai temast suurepärane astjas, mis etendas olulist osa Iisraeli ajaloos.

Jaakobil oli kaksteist poega ja need kaksteist poega rajasid Iisraeli riigi moodustamiseks aluse. Aga kuna nad olid ikkagi vaid suguharud, plaanis Jumal nad Jaakobi järglaste suureks rahvaks saamiseni võimsa maa – Egiptuse piiresse panna.

See plaan tuli neid teiste rahvaste eest kaitsva Jumala armastusest. See tohutu ülesanne usaldati Jaakobi üheteistkümnendale pojale Joosepile.

Jaakob eelistas oma kaheteistkümnest pojast märkimisväärselt Joosepit ning riietas ta mitmevärvilisse kuube ja tegi muud sarnast. Vennad hakkasid Joosepit vihkama ja kadestama ja müüsid ta seitsmeteistkümne aasta vanusena Egiptusesse orjaks. Aga ta ei hädaldanud kunagi ega põlastanud oma vendi.

Joosep müüdi vaarao hoovkondlase ja ihukaitsepealiku Pootifari kotta. Ta töötas seal usinalt ja ustavalt ja võitis Pootifari soosingu ja usalduse. Seega sai Joosepist Pootifari koja ülevaataja ja talle usaldati kogu koda.

Kuid tekkis ikkagi probleem. Joosep oli kujult ja väljanägemiselt kena ja ta isanda naine hakkas teda võrgutama. Joosep oli aus ja siiralt jumalakartlik ja kui naine teda võrgutas, ütles ta naisele julgelt: *„Kuidas tohiksin siis teha seda suurt kurja ja pattu oma Jumala vastu?"* (1. Moosese raamat 39:9)

Siiski Joosep vangistati naise arutute süüdistuste tõttu ja pandi kuninga vangikotta. Jumal oli Joosepiga ka vanglas ja

Jumala soosinguga hakkas Joosep peagi vanglas „kõikvõimaliku" üle valitsema.

Joosep sai niisugustest sammudest oma teel tarkust, mille abil ta sai hiljem riiki juhtida ja ta poliitiline meelestatus arenes ning temast sai suurepärane astjas, kelle südamesse mahtusid paljud. Pärast vaarao unenägude tõlgendamist ja vaarao ja ta rahva ees seisvale probleemile targa lahenduse toomist, sai Joosepist Egiptuse valitseja, kellest ainult vaarao oli kõrgem. Seega pani Jumal oma täieliku ettehoolde ja Joosepi läbitud katsumuste kaudu Joosepi 30. aastaselt ühe selle aja võimsama riigi asevalitseja ametisse.

Nii nagu Joosep kuulutas vaarao unenäo peale ette, tabas Lähis-Ida, kaasa arvatud Egiptust, seitse näljahäda aastat ja kuna Joosep oli selle jaoks juba ette valmistunud, võis ta kõik egiptlased vabastada. Joosepi vennad tulid Egiptusse toitu otsima ja taasühinesid oma vennaga ning ülejäänud pere kolis varsti tagasi Egiptusesse, kus nad elasid rikkalt ja sillutasid teed Iisraeli riigi sünniks.

Mooses: suur juht, kes tegi väljarände teoks

Pärast Egiptusesse elama asumist kasvas Iisraeli järeltulijate arv ja rikkus ja varsti said nad piisavalt suureks ja arvukaks, et oma riik moodustada.

Kui võimule tuli uus vaarao, kes ei tundnud Joosepit, hakkas ta Iisraeli järeltulijate rikkust ja tugevust kontrollima. Vaarao ja õukondlased hakkasid varsti iisraellaste elu raske orjatööga savi ja telliskivide kallal ning kõiksugu orjusega põllul ja kõiksugu tööga, mida nad väevõimuga sundisid neid tegema, kibedaks tegema (2. Moosese raamat 1:13-14).

Aga „*mida rohkem nad neid rõhusid, seda rohkem neid sai ja seda laiemale nad levisid; ja Iisraeli laste ees hakati hirmu tundma*" (2. Moosese raamat 1:12). Varsti andis vaarao käsu kõik heebrealaste poeglapsed sündimisel tappa. Jumal kuulis iisraellaste hädakisa orjuse tõttu ja mäletas lepingut, mille Ta oli teinud Aabrahami, Iisaki ja Jaakobiga.

Ja ma annan sinule ja su soole pärast sind selle maa, kus sa võõrana elad, kogu Kaananimaa, igaveseks omandiks. Ja mina olen neile Jumalaks! (1. Moosese raamat 17:8).

Ja maa, mille ma andsin Aabrahamile ja Iisakile, ma annan sinule; ka sinu soole pärast sind ma annan selle maa (1. Moosese 35:12).

Jumal valmistas Iisraeli laste piinast välja viimiseks ja Kaananimaale toomiseks mehe, kes kuuletus Tema käskudele tingimusteta ja juhatas Ta rahvast Tema südamega.

See mees oli Mooses. Vanemad peitsid Moosest kolm kuud pärast ta sündi, aga kui nad ei suutnud teda kauem enam varjata, panid nad ta punutud korvi ja jätsid korvi Niiluse kallastel olevasse pilliroopuhmasse. Kui vaarao tütar leidis korvis oleva lapse, otsustas ta lapse endale võtta ja Moosese väike õde, kes eemal seistes lapsega juhtunut jälgis, soovitas vaarao tütrele Moosese bioloogilist ema ammeks.

Seega kasvas Mooses üles kuningapalees ja teda kasvatas ta bioloogiline ema, seega ta õppis kasvades Jumalat ja oma rahvast – iisraellasi tundma.

Siis nägi ta ühel päeval, kuidas egiptlane peksis läbi tema rahvusest heebrea mehe ja ta tappis ahastusest egiptlase. Kui see sai teatavaks, põgenes Mooses vaarao eest ja asus Midjanimaale elama.

Ta karjatses lambaid nelikümmend aastat ja see oli osa Moosest läbi katsuva ja väljarände juhiks treeniva Jumala ettehooldest.

Jumala valitud ajal kutsus Ta Moosese ja andis talle käsu viia iisraellased Egiptusest Kaananimaale, mis voolas piima ja mett.

Kuna vaarao süda oli kõva, ei kuulanud ta Moosese läbi antud Jumala käsku. Selle tulemusel tõi Jumal Egiptuse üle kümme nuhtlust ja viis iisraellased jõuga Egiptusemaalt välja.

Alles siis kui vaarao ja tema rahva esmasündinud pojad surid, kummardusid nad Jumala ette ja Iisraeli rahvas võis orjapõlvest vabaneda. Jumal juhatas iga iisraellaste sammu; Ta tegi Punase mere kaheks, et rahvas võiks kuiva maad mööda sellest läbi minna. Kui neil polnud joogiks vett, lasi Jumal kaljust vett tulla ja kui neil polnud süüa, saatis Jumal manna ja vutid. Jumal tegi need imed ja tunnustähed Moosese läbi, et tagada neljakümne aasta jooksul miljonite iisraellaste ellujäämine kõrbes.

Ustav Jumal viis Iisraeli rahva Moosese järglase Joosua abil Kaananimaale. Jumal aitas Joosual ja ta rahval Jordani jõge Jumala meetodi abil ületada ja lasi neil Jeeriko linna vallutada. Ja Jumal lasi neil oma meetodi abil suurema osa piima ja mett voolava Kaananimaast vallutada ja omandada.

Muidugi ei olnud Kaananimaa vallutamine vaid Jumala õnnistus iisraellaste jaoks, vaid ka Tema õiglase kohtu tulemus patu ja kurja tõttu rikutud Kaananimaa elanike üle. Kaananimaa elanikud olid väga rikutud ja nende üle tuli sunniviisiliselt kohut mõista ja Jumal lasi siis iisraellastel oma õigusega maa võtta.

Nii nagu Jumal ütles Aabrahamile: *„Alles neljas põlv tuleb siia tagasi"* (1. Moosese raamat 15:16), Aabrahami järeltulijad Jaakob ja tema pojad läksid Kaananimaalt Egiptusesse ja asusid sinna elama ja nende järeltulijad tulid Kaananimaale tagasi.

Taavet rajab võimsa Iisraeli

Pärast Kaananimaa vallutamist valitses Jumal Iisraeli kohtumõistjate ajal kohtumõistjate ja prohvetite kaudu ja siis sai Iisraelist kuningriik. Jumalat üle kõige armastava kuningas Taaveti ajal rajati riigi alused.

Taavet tappis nooruses tähtsa vilisti sõdalase lingu ja kiviga ja Taavet seati oma teenete eest tunnustuseks kuningas Sauli sõjaväe üle. Kui Taavet naasis vilistide üle võidu saamise järgselt koju, laulsid paljud naised pillimängu saatel ja ütlesid: „Saul tappis oma tuhanded ja Taavet oma kümned tuhanded." Ja kõik iisraellased hakkasid Taavetit armastama. Kuningas Saul leiutas plaane, et Taavetit kadedusest tappa.

Sauli meeleheitlike püüdluste ajal oli Taavetil kaks võimalust kuningas tappa, aga ta keeldus tapmast kuningat, keda Jumal ise oli võidnud. Ta tegi kuningale vaid head. Ükskord kummardus Taavet maha ja laskus näoli ning ütles kuningas Saulile: „*Ja mu isa, näe, vaata ka ise oma kuuehõlma mu käes! Sest kui ma lõikasin ära su kuuehõlma ega tapnud sind, siis pead sa mõistma ja nägema, et mul pole mõttes kurja ega üleastumist ja et ma pole pattu teinud sinu vastu, kuigi sa varitsed mu hinge, et seda võtta!*" (1. Saamueli raamat 24:12)

Taavet, mees Jumala südame järgi, taotles ka pärast kuningaks saamist kõiges head. Taavet valitses oma valitsusajal kuningriiki õiglaselt ja tugevdas riiki. Taavet oli naabruses asuvate vilistide, moabiitide, amaleklaste ja edomlaste vastu sõdides võidukas kui Jumal oli temaga. Ta laiendas Iisraeli territooriumi ja Taaveti kuningriigi ajal sõjasaak ja andamid üksnes suurendasid riigi vara. Seetõttu oli ta eluaeg jõukas.

Taavet viis ka Jumala lepingulaeka Jeruusalemma ja seadis sisse ohverdamise protseduurid ning kinnitas usku Isandasse Jumalasse. Kuningas rajas ka Jeruusalemma kuningriigi poliitiliseks ja vaimseks keskuseks ja tegi kõik, et ette valmistada oma poja Saalomoni ajal toimuvat Jumala püha templi ehitamist.

Iisrael oli ajaloo jooksul kuningas Taaveti valitsemisajal kõige vägevam ja toredam ja inimesed imetlesid kuningas Taavetit palju ning austasid väga Jumalat. Sellele lisaks pidi Taavet olema suurepärane esiisa, kuna Messias pidi tulema tema järeltulijaist.

Eelija toob iisraellaste südamed Jumala juurde tagasi

Kuningas Taaveti poeg Saalomon kummardas oma elu lõpus ebajumalaid ja pärast ta surma lõhenes kuningriik kaheks. Iisraeli kaheteistkümnest suguharust kümme moodustasid põhjas asuva Iisraeli kuningriigi, aga ülejäänud suguharudest moodustus lõunas asuv Juuda kuningriik.

Iisraeli kuningriigis ilmutasid prohvetid Aamos ja Hoosea Jumala rahvale Jumala tahet, aga Juuda kuningriigis tegid teenistustööd prohvetid Jesaja ja Jeremija. Jumala valitud aegadel saatis Jumal oma prohvetid ja tegi nende läbi oma tahte teoks. Üks nendest oli prohvet Eelija. Eelija teenis põhjapoolses kuningriigis kuningas Ahabi valitsusajal.

Eelija ajal tõi paganast kuninganna Iisebel Iisraeli Baali ja kogu kuningriigis kummardati ohjeldamatult ebajumalaid. Prohvet Eelija esimene ülesanne oli öelda kuningas Ahabile, et Iisraelis ei saja ebajumalakummardamisest tingitud riiki tabanud Jumala kohtu tõttu vihma kolm ja pool aastat.

Kui prohvetile öeldi, et kuningas ja kuninganna tahtsid teda tappa, pages ta Siidonisse kuuluvasse Sareptasse. Seal andis lesknaine talle leivapalukese ja naise teenete eest vastutasuks said Eelija läbi lese elus ilmsiks imelised õnnistused ja ta jahu ei vähenenud kausis ning õli ei lõppenud otsa näljahäda lõpuni.

Hiljem elustas Eelija ka lese surnud poja.

Karmeli mäel võitles Eelija 450 Baali prohveti ja 400 Ištari prohvetiga ja tõi taevast alla Jumala tule. Iisraellaste südamete ebajumalatest pööramiseks ja Jumala juurde tagasi juhatamiseks parandas Eelija Jumala altari, valas ohvrite ja altari peale vett ja palus kogu südamest Jumalat.

„*Isand! Aabrahami, Iisaki ja Iisraeli Jumal! Saagu täna teatavaks, et Sina oled Jumal Iisraelis ja mina olen Sinu sulane ja et mina olen seda kõike teinud Sinu Sõna peale! Vasta mulle, Isand! Vasta mulle, et see rahvas saaks teada, et Sina, Isand, oled Jumal ja et Sina pöörad tagasi nende südamed!"* Siis Isanda tuli langes alla ja sõi ära põletusohvri, puud, kivid ja põrmu ning lakkus ära vee, mis oli kraavis. Kui kogu rahvas seda nägi, siis heitsid nad silmili maha ja ütlesid: „*Isand on Jumal! Isand on Jumal!*" Aga Eelija ütles neile: „*Võtke kinni Baali prohvetid, et ükski neist ei pääseks!*" Ja rahvas võttis nad kinni. Ja Eelija viis nad alla Kiisoni jõe äärde ning tappis nad seal (1. Kuningate raamat 18:36-40).

Lisaks tõi ta pärast kolme ja poolt aastat põuaaega taevast vihma, ületas Jordani jõe otsekui kuiva maad mööda sellest läbi minnes ja kuulutas prohvetlikult ette tulevikusündmusi. Eelija läbi sai ilmsiks Jumala imevägi ja ta tunnistas selgelt elavast Jumalast.

2. Kuningate raamatus 2:11 on kirjas: „*Ja kui nad [Eelija ja Eliisa] ühtejärgi läksid ja rääkisid, vaata, siis sündis, et tulised vankrid ja tulised hobused lahutasid nad teineteisest ja Eelija*

läks tuulepöörises Taevasse." Kuna Eelija usk oli Jumalale ülimal määral meelepärane ja Jumal armastas ja tunnustas teda, läks prohvet surma nägemata Taevasse.

Taaniel ilmutab rahvastele Jumala au

Kakssada viiskümmend aastat hiljem ehk umbes aastal 605 e.m.a., tabas Jeruusalemma kuningas Joojakimi kolmandal valitsusaastal Paabeli kuninga Nebukadnetsari sissetung ja paljud Juuda kuningriigi kuninglikust perest võeti vangi.

Nebukadnetsari lepituspoliitika osana käskis kuningas Aspenast, ülemteenrit, et ta tooks Iisraeli lastest, niihästi kuninglikust soost kui suursuguste hulgast, noori mehi, kellel ei oleks ühtegi kehalist viga ja kes oleksid ilusa välimusega, kes oleksid taibukad kõigis teadustes, targad ja arusaajad, ja kes oleksid kõlbulikud teenima kuningakojas; ja neile pidi ta õpetama kaldea kirja ning keelt ning Taaniel oli nende noorukite seas (Taaniel 1:3-4).

Aga Taaniel otsustas oma südames ennast mitte rüvetada kuninga roaga ja tema joodava veiniga, ja ta taotles ülemteenrilt, et tal poleks vaja ennast rüvetada (Taaniel 1:8).

Jumal õnnistas Taanieli ka siis, kui ta oli sõjavang, sest kogu tema elu oli jumalakartlik. Jumal andis Taanielile ja tema sõpradele igasuguses kirjas ja teaduses tarkust ja taipu. Taaniel mõistis aga igasuguseid nägemusi ja unenägusid. (Taaniel 1:17).

Sellepärast soosisid ja tunnustasid kuningad teda jätkuvalt, isegi kuningriigi vahetumise ajal. Pärsia kuningas Daarjaves mõistis, et Taanielil oli erakordne vaim ja ta tahtis teda kogu kuningriigi üle panna. Siis läksid mõned õukondlased Taanieli peale kadedaks ja hakkasid otsima põhjust, et Taanieli riigiasjus süüdistada. Aga nad ei leidnud mingit alust süüdistamiseks ega korruptsiooni tõendust.

Kui nad said teada, et Taaniel palvetas Jumala poole kolm korda päevas, tulid ametikandjad ja asehaldurid kuninga juurde ja käisid talle peale, et ta teeks korralduse, et keegi, kes palub kolmekümne päeva jooksul midagi mõnelt jumalalt või inimeselt, peale kuninga, visataks lõvide auku. Taaniel ei vankunud; ta riskis oma reputatsiooni, kõrge ametikoha ja elu kaotamisega lõvikoopas, kuid ta jätkas palvetamist, olles näoga Jeruusalemma poole, nii nagu ta oli varemgi teinud.

Kuninga korralduse alusel visati Taaniel lõukoerte auku, aga kuna Jumal saatis oma ingli, kes sulges lõukoerte suud, ei teinud need Taanielile viga. Kui kuningas Daarjaves sellest teada sai, kirjutas ta kõigile rahvastele, suguvõsadele ja keeltele, kes elasid kogu maal ja ütles, et nad kiidaksid ja austaksid Jumalat:

Minu poolt on antud käsk, et kogu mu kuningriigi võimupiirkonas tuleb karta Taanieli Jumalat. Sest Tema on elav Jumal ja püsib igavesti. Tema kuningriik ei hukku ja Tema valitsus ei lõpe. Tema päästab ja vabastab, Tema teeb tunnustähti ja imesid taevas ja maa peal, Tema, kes päästis Taanieli lõvide küüsist (Taaniel 6:27-28).

Jumala silmis hea kuulsusega usuisadele lisaks ei jaguks paberit ega tinti, et kirjeldada Gideoni, Baaraki, Simsoni, Jefta, Saamueli, Jesaja, Jeremija, Hesekieli, Taanieli kolme sõbra, Estri ja kõigi Piiblis esitletud prohvetite usutegusid.

Kõigi maa rahvaste suured usuisad

Iisraeli riigi algusajast saadik kaardistas ja tüüris Jumal isiklikult selle riigi ajaloo käiku. Iga kord kui Iisraeli tabas kriis, vabastas Jumal nad eelnevalt ette valmistatud prohvetite kaudu ja juhtis Iisraeli ajalugu.

Seega on Iisraeli ajalugu ilmutatud Aabrahami ajast saadik Jumala ettehoolde kohaselt teistest riikidest erinevalt ja ilmneb ajastu lõpuni Jumala plaani kohaselt.

Jumal määras usuisad ja kasutas neid Iisraeli rahva seas oma ettehoolde ja plaani jaoks mitte vaid oma valitud iisraellaste tõttu, vaid kõigi Jumalasse uskujate jaoks.

Aabraham saab ometi suureks ja vägevaks rahvaks ja tema kaudu õnnistatakse kõiki maailma rahvaid (1. Moosese raamat 18:18).

Jumal soovib, et „kõik maa rahvad" saaksid usu läbi Aabrahami lasteks ja saaksid Aabrahami õnnistuste osaliseks. Ta ei talletanud õnnistusi vaid oma väljavalitud Iisraeli rahvale. Jumal lubas Aabrahamile 1. Moosese raamatus 17:4-5, et ta saab paljude rahvaste isaks ja 1. Moosese raamatus 12:3, et tema läbi õnnistavad endid kõik suguvõsad maa peal ja 1.Moosese raamatus 22:17-18, et tema soo nimel õnnistavad endid kõik maailma rahvad.

Pealegi avas Jumal Iisraeli ajaloo kaudu tee, mille kaudu kõik maapealsed rahvad said teada, et ainult Isand Jumal on tõeline Jumal, Teda teenida ja saada Tema tõelisteks lasteks, kes armastavad Teda.

Ma olen olnud kättesaadav neile, kes mind ei ole nõudnud; ma olen olnud leitav neile, kes mind ei ole otsinud; ma olen öelnud rahvale, kes mu nime ei ole appi hüüdnud: „Vaata, siin ma olen! Vaata, siin ma olen!" (Jesaja 65:1).

Jumal seadis paika suured usuisad ja juhatas ja valitses isiklikult Iisraeli ajalugu, et lasta nii paganatel kui ka Tema väljavalitud iisraellastel Ta nime appi hüüda. Jumal oli selle ajani inimkonna kasvatamise ajalugu teoks teinud, kuid leiutas siis teise imelise plaani, et ka paganatele saaks osaks inimese kasvatamise ettehoole. Sellepärast saatis Jumal valitud ajal Iisraeli maale oma Poja mitte üksnes Iisraeli Messiaseks, vaid kogu inimkonna Messiaseks.

Jeesusest Kristusest tunnistavad inimesed

Kogu inimkonna kasvatamise ajaloo käigus oli Iisrael alati Jumala ettehoolde täidemineku keskmes. Jumal ilmutas end usuisadele, tõotas neile tulevasi asju ja täitis oma tõotused. Ta ütles ka iisraellastele, et Messias tuleb Juuda suguharust ja Taaveti kojast ja päästab kõik maapealsed rahvad. Seega on Iisrael oodanud Vanas Testamendis prohvetliku ettekuulutuse teel lubatud Messiase tulekut. *Messias on Jeesus Kristus*. Muidugi ei tunnusta judaismi uskujad Jeesust Jumala Poja ja Messiasena, aga selle eest ootavad nad ikka Ta tulekut. Aga Messias, keda Iisrael ootab ja Messias, kellest selles peatükis edaspidi kirjutatakse on sama.

Kelleks inimesed Jeesus Kristust peavad? Kui vaadelda Messiase kohta tehtud prohvetlikke ettekuulutusi ja nende täidemineku ja Messiaseks olemise tingimusi, võib vaid nõustuda, et Iisraeli igatsetud Messias ei ole keegi muu kui Jeesus Kristus.

Paulusest, Jeesus Kristuse tagakiusajast, saab Tema apostel

Paulus sündis umbes 2000 aastat tagasi Tarsoses, Kiliikias, mis asub tänapäeva Türgis ja tema sünnipärane nimi oli Saulus.

Saulus lõigati kaheksandal päeval pärast sündi ümber Iisraeli rahva Benjamini suguharu liikmeks ja heebrea juudiks. Saulus oli käsuseaduse täitmise õiguse suhtes veatu. Ta sai hariduse kõigi inimeste silmis austatud käsuõpetaja Gamaalieli käest õppides. Ta elas rangelt oma isade käsku mööda ja tal oli tolle aja maailma kõige võimsama maa – Rooma kodakondsus. Ühesõnaga, Saulusel polnud lihalikus mõttes, mis puudutas tema peret, päritolu, teadmisi, rikkust või võimu, mitte millestki puudust.

Kuna Saulus armastas Jumalat üle kõige, kiusas ta innukalt taga Jeesuse Kristuse järgijaid. Ta tegi seda, kuna ta kuulis kristlasi väitvat, et ristilöödud Jeesus oli Jumala Poeg ja Päästja ja Jeesus tõusis hauast pärast mahamatmist kolmandal päeval üles ja pidas seda Jumala pilkamiseks.

Saulus arvas ka, et Jeesuse Kristuse järgijad ohustasid variserlikku judaismi, mida ta kirglikult järgis. Seetõttu kiusas Saulus halastamatult kogudust taga ja võttis Jeesusesse Kristusesse uskujate kinnivõtmisel juhirolli.

Ta vangistas palju kristlasi ja oli nende vastu kui neid tapeti. Ta karistas ka usklikke kõigis sünagoogides, püüdes neid sundida seal Jeesuse Kristuse vastu minnes Jumalat pilkama ja ajas neid taga ka siis kui nad läksid välismaa linnadesse.

Siis sai Saulus märkimisväärse kogemuse osaliseks, mis pööras ta elu pea peale. Teel Damaskusesse välgatas äkitselt taevane valgus ja mähkis ta endasse.

„Saulus, Saulus, miks sa kiusad mind taga?"
„Kes Sa oled, Isand?"

„*Ma olen Jeesus, keda sa taga kiusad.*"

Saulus tõusis püsti, aga ta oli kaotanud nägemisvõime; inimesed tõid ta Damaskusesse. Ta jäi sinna pimedana kolmeks päevaks. Ta ei söönud ega joonud. Pärast seda juhtumit ilmus Isand nägemuses Ananiase nimelisele jüngrile.

Tõuse ja mine tänavale, mida kutsutakse Sirgeks, ja otsi Juuda kojas üles Tarsosest pärit Sauluse-nimeline mees, sest vaata, tema palvetab ja on nägemuses näinud üht meest, Hananias nimi, sisse astuvat ja käed tema peale panevat,et ta nägemise tagasi saaks ... Mine, sest tema on mul valitud tööriist minu nime kandma rahvaste ja kuningate ja Iisraeli laste ette, sest mina tahan talle näidata, mida kõike ta peab kannatama minu nime pärast (Apostlite teod 9:11-12,15-16).

Kui Ananias pani käed Sauluse peale ja palvetas tema eest, langes kohe ta silmadelt otsekui soomuseid ja ta nägi jälle. Pärast Isandaga kohtumist taipas Saulus täielikult oma patte ja sai uue nime „Paulus", mis tähendab „väikest meest." Sellest hetkest alates kuulutas Paulus paganatele julgelt elavat Jumalat ja Jeesuse Kristuse evangeeliumi.

Sest ma teatan teile, vennad, et evangeelium, mida ma olen kuulutanud, ei ole inimestelt, sest mina ei ole seda vastu võtnud ega õppinud inimeste käest, vaid

Jeesuse Kristuse ilmutuse kaudu. Te olete ju kuulnud minu endisest elust juudi usus, et ma üliväga kiusasin taga Jumala kogudust ja püüdsin teda hävitada ning ma jõudsin juudi usus ette paljudest eakaaslastest oma rahva hulgas, olles palju innukam oma vanemata pärimuste suhtes. Kui aga Jumalale, kes minu on ema ihust alates välja valinud ja oma armu läbi kutsunud, oli meelepärane ilmutada mulle oma Poega, et ma kuulutaksin evangeeliumi Temast paganate seas, siis ma ei hakanud arutlema liha ja verega ega läinud ka üles Jeruusalemma nende juurde, kes enne mind olid apostlid, vaid läksin Araabiasse ja seejärel pöördusin jälle tagasi Damaskusesse (Galaatlastele 1:11-17).

Isegi pärast Jeesuse Kristusega kohtumist ja evangeeliumi kuulutamist talus Paulus igasuguseid kannatusi, mida ei ole võimalik sõnadega piisavalt kirjeldada. Paulus nägi sageli rohkem vaeva, oli palju rohkem vangis, sai palju enam hoope ja oli tihti surmasuus, tihti valvamistes, näljas ja janus, tihti paastumises, külmas ja alasti (2. Korintlastele 11:23-27).

Ta oleks hõlpsasti võinud elada jõukat ja mugavat elu oma staatuse, võimu, teadmiste ja tarkusega, aga Paulus loobus kõigest sellest ja loovutas kõik, mis tal oli, üksnes Isandale.

Mina olen ju apostlite seast kõige väiksem, see, keda ei kõlba hüüdagi apostliks, sest ma olen taga kiusanud Jumala kogudust. Aga Jumala armust olen ma see, kes olen, ja Tema arm minu vastu ei ole läinud tühja, vaid ma olen neist kõigist palju rohkem vaeva näinud. Aga seda ei ole teinud mina, vaid Jumala arm, mis on minuga (1. Korintlastele 15:9-10).

Paulus võis seda julgelt tunnistada, sest tal oli väga elav kohtumine Jeesuse Kristusega. Isand ei kohtunud Paulusega üksnes Damaskuse teel, vaid kinnitas ka oma vägevate tegude ilmutamise teel, et Ta oli Paulusega.

Jumal tegi erakordseid imesid Pauluse käte kaudu, et tema ihult võeti isegi higirätikuid ja põllesid ja pandi haigete peale ning haigused lahkusid neist ja kurjad vaimud läksid minema. Paulus elustas ka Eutühhose nimelise noormehe, kes kukkus kolmandalt korruselt alla ja võeti surnult üles. Surnu elustamine ei ole võimalik ilma Jumala väeta.

Vanas Testamendis mainitakse, et prohvet Eelija elustas Sarepta lese surnud poja ja prohvet Eliisa elustas kuulsa suunemlanna poja. Laulukirjutaja kirjutas Laulus 62:12: *„Kord on Jumal rääkinud, kaks korda ma olen seda kuulnud, et Jumalal on vägi,"* et jumalameestele antakse Jumala vägi.

Paulus rajas oma kolme misjonireisiga aluse Jeesuse Kristuse evangeeliumi kuulutamiseks kõigile rahvaile, ehitades kogudusi kõikjale Aasias ja Euroopas, kaasa arvatud Väike-Aasia ja Kreeka. Seega avanes tee, mille kaudu Jeesus Kristuse evangeeliumi kuulutatakse igas maailmanurgas ja arvukad hinged saavad päästetud.

Peetrus ilmutab suurt väge ja päästab arvukaid hingi

Mida me võime öelda Peetruse kohta, kes seisis juutidele evangeeliumi kuulutamise töö eesotsas? Enne Jeesusega kohtumist oli ta harilik kalamees, aga kui Jeesus teda kutsus ja ta nägi Jeesuse tehtud imesid, sai Peetrusest üks Ta parimatest jüngritest.

Kui Peetrus nägi Jeesuse läbi ilmsiks saavat väge ja selle suurust, mida keegi ei suutnud jäljendada ja pimedate silmade avanemist, vigaste püstitõusmist, surnute elustamist ja Jeesust head tegemas ja kuidas Ta varjas inimeste puudused ja üleastumised, suutis Peetrus uskuda: „Ta on tõesti Jumala juurest tulnud." Me leiame ta tunnistuse Matteuse 16. peatükist.

Jeesus küsis jüngritelt: *„Aga teie, kelle teie ütlete minu olevat?"* (15. salm). Siimon Peetrus kostis: *„Sina oled Messias, elava Jumala Poeg"* (16. salm).

Siis juhtus Peetrusega, kes suutis tunnistada nii julgelt nagu eelnevalt näha, midagi seletamatut. Peetrus tunnistas Jeesusele isegi viimasel õhtusöömaajal: *„Kui ka kõik taganevad Sinust, ei tagane mina eluilmaski!"* (Matteuse 26:33). Aga Jeesuse kinnivõtmise ja ristilöömise õhtul salgas Peetrus Jeesust kolm korda, kuna ta tundis surmahirmu.

Pärast Jeesuse ülestõusmist ja taevasseminekut sai Peetrus Püha Vaimu ja muutus imeliselt. Ta pühendas kogu oma elu Jeesuse Kristuse evangeeliumi kuulutamisele ja ei kartnud surra. Ükskord parandasid 3000 inimest meelt ja said ristitud kui ta kuulutas neile julgelt Jeesusest Kristusest. Ta kuulutas isegi juudi juhtidele, kes ähvardasid teda tappa, julgelt, et Jeesus Kristus on Isand ja Päästja.

Parandage meelt ja igaüks teist lasku ennast ristida Jeesuse Kristuse nimesse oma pattude andekssaamiseks, ning siis te saate Püha Vaimu anni. Sest see tõotus on antud teile ja teie lastele ning kõikidele, kes on eemal, keda iganes Jumal, meie Isand, enese juurde kutsub (Apostlite teod 2:38-39).

Jeesus on „kivi, mille teie, ehitajad, olete tunnistanud kõlbmatuks, mis on saanud nurgakiviks." Ja kellegi muu läbi ei ole päästet, sest taeva all ei ole antud inimestele ühtegi teist nime, kelle läbi meid päästetaks (Apostlite teod 4:11-12).

Petrus näitas üles Jumala väge, kui ta läbi said ilmsiks paljud tunnustähed ja imed. Lüüdas tervendas Peetrus mehe, kes oli kaheksa aastat halvatud olnud ja läheduses asuvas Joppas elustas ta Tabiita, kes oli haigestunud ja surnud. Peetrus lasi samuti vigastel tõusta ja käia ja tervendas mitmesuguste haigustega inimesi ja ajas välja kurje vaime.

Jumala vägi saatis Peetrust sel määral, et inimesed kandsid isegi haigeid tänavatele ja panid nad kanderaamidele ja vooditele, et Peetruse möödudes kas või tema varigi langeks mõne peale neist. (Apostlite teod 5:15).

Lisaks ilmutas Jumal Peetrusele nägemuste läbi, et päästeevangeelium tuli viia paganatele. Ükskord kui Peetrus läks maja katusele palvetama, tundis ta nälga ja soovis midagi süüa. Söögi valmistamise ajal langes Peetrus transsi ja nägi taeva avatud olevat ja sealt laskuvat anuma otsekui suure liua, mida nelja nurka pidi maa peale lasti. Selle sees oli igasuguseid ilmamaa neljajalgseid ja roomajaid ja taeva linde. (Apostlite teod 10:9-12). Siis kuulis Peetrus häält.

Ja talle kostis hääl. „*Tõuse, Peetrus, tapa ja söö!*" (13. salm) Aga Peetrus ütles: „*Ei, ilmaski, Isand, sest ma ei ole veel kunagi söönud seda, mis on keelatud ja rüve*" (14. salm). Ja hääl hüüdis talle teist korda: „*Mida Jumal on puhtaks tunnistanud, seda sina ära pea keelatuks!*" (15. salm)

See sündis kolm korda ja kõik võeti taevasse tagasi. Peetrus ei saanud aru, miks Jumal käskis tal süüa midagi, mida Moosese käsuseadus pidas „ebapuhtaks." Kui Peetrus nägemuse üle mõtiskles, ütles Püha Vaim talle: „*Vaata, kolm meest otsib sind! Tõuse nüüd kohe, astu alla ja mine nendega koos ilma kõhklemata, sest mina ise olen nad läkitanud*" (Apostlite teod 10:19-20). Kolm meest tulid pagana Korneeliuse juurest, kes oli nad saatnud, et kutsuda Peetrust oma kotta.

Selle nägemuse kaudu ilmutas Jumal Peetrusele, et Jumal tahtis, et Ta halastust kuulutataks ka paganatele ja õhutas Peetrust Isanda Jeesuse Kristuse evangeeliumi neile viima. Peetrus oli nii tänulik Isandale, kes armastas teda lõpmatult palju ja usaldas talle apostlina sellise püha ülesande, et ta ei säästnud oma elu, viies arvukaid hingi pääsemise teele ja suri märtrisurma.

Apostel Johannes kuulutab Jeesuse Kristuse ilmutuse kaudu prohvetlikult lõpuaja kohta

Johanes oli varem Galilea kalur, kuid pärast seda kui Jeesus teda kutsus, käis Johannes alati Temaga ja nägi Ta läbi ilmsiks saanud tunnustähti ja imesid. Johannes nägi, kuidas Jeesus tegi Kaana pulmas vee veiniks, kuidas Ta tervendas arvukaid haigeid, kaasa arvatud inimese, kes oli kolmkümmend kaheksa aastat haige olnud, kuidas Ta ajas paljudest kurje vaime välja ja avas pimedate silmad. Johannes nägi ka, kuidas Jeesus käis vee peal ja elustas neli päeva surnud olnud Laatsaruse.

Johanes järgis Jeesust kui Jeesust muudeti (Tema pale paistis nagu päike ja ta riided muutusid lumivalgeks) ja kui Ta rääkis Moosese ja Eelijaga Muutumise mäel. Isegi kui Jeesus hingas viimast korda ristil, kuulis Johannes, kuidas Jeesus ütles Neitsi Maarjale ja talle: *„Naine, vaata, siin on sinu poeg!"* (Johannese 19:26) *„Vaata, see on sinu ema!"* (Johannese 19:27)

Kolmanda ristilt räägitud lausega trööstis Jeesus füüsiliselt Teda oma üsas kandnud ja sünnitanud Maarjat, aga vaimses mõttes kuulutas Ta kogu inimkonnale, et kõik usklikud olid vennad, õed ja emad.

Jeesus ei kutsnud Maarjat kunagi oma „emaks." Kuna Jumala Poeg Jeesus on oma olemuselt Jumal ise, ei võinud keegi Teda sünnitada ja Tal ei võinud olla ema. Jeesus ütles Johannesele: „Vaata, sinu ema!", kuna Johannes pidi teenima Maarjat kui oma ema. Sellest tunnist võttis Johannes Maarja oma kotta ja teenis teda kui oma ema.

Pärast Jeesuse surnuist ülestõusmist ja taevasseminekut kuulutas Johannes teiste apostlitega usinalt Jeesuse Kristuse evangeeliumi, hoolimata juutide pidevatest ähvardustest. Nende innuka evangeeliumi kuulutamise kaudu oli algkoguduses vägev äratus, aga samal ajal kiusati apostleid pidevalt taga.

Juutide kogu küsitles apostel Johannest ja hiljem kasteti ta Rooma keiser Domitianuse ajal keevasse õlisse. Aga Johannes ei kannatanud Jumala väe ja ettehoolde tõttu sellepärast ja keiser pagendas ta Kreeka Patmose saarele Vahemeres. Seal suhtles Johannes Jumalaga palves ja ta nägi Püha Vaimu sisendusel ja inglite juhatusel palju sügavaid nägemusi ja pani kirja Jeesuse Kristuse ilmutused.

Jeesuse Kristuse ilmutus, mille Jumal Temale on andnud, et Ta näitaks oma sulastele, mis peatselt peab sündima. Ta näitas seda, läkitades oma ingli oma sulase Johannese juurde. (Johannese ilmutus 1:1).

Püha Vaimu sisendusel kirjutas apostel Johannes üksikasjalikult lõpuajal aset leidvad asjad üles, et kõik inimesed võtaksid Jeesuse oma Päästjaks vastu ja valmistuksid Teda kuningate Kuninga ja isandate Isandana Tema teisel tulekul vastu võtma.

Algkoguduse liikmed peavad oma usust kinni

Kui ülestõusnud Jeesus läks Taevasse, lubas Ta jüngritele, et Ta naaseb samamoodi nagu nad nägid Teda Taevasse minemas.

Jeesuse ülestõusmise ja taevasemineku arvukad tunnistajad said aru, et nemadki suudaksid surnuist üles tõusta ja nad ei kartnud enam surma. Seetõttu võisid nad elada Tema tunnistajatena, hoolimata maailma valitsejate ähvardustest ja rõhumisest ja tagakiusust, mis läks neile sageli elu maksma.

Mitte üksnes Jeesuse jüngrid, kes Teda Ta avaliku teenistuse ajal teenisid, vaid ka arvukad muud jüngrid said Rooma Kolosseumis lõvide saagiks, nende pea löödi otsast maha, nad löödi risti ja põletati tuhaks. Aga kõik nad hoidsid tugevasti kinni oma usust Jeesusesse Kristusesse.

Kui kristlaste vastane tagakius muutus tugevamaks, peitsid algkoguduse liikmed end Rooma katakombidesse, mida tunti ka kui „maa-aluseid matusepaiku." Neil oli armetu elu; nad otsekui ei elanud. Kuna nad armastasid Isandat kirglikult ja südamest, ei kartnud nad mingisuguseid katsumusi ega piina.

Enne kui Roomas ametlikult kristlust tunnustati, rõhuti kristlasi halastamatult ja kirjeldamatult julmalt. Kristlastelt võeti nende kodakondsus, Piiblid ja kogudused pandi põlema ja koguduse juhid ja töötegijad arreteeriti, neid piinati jõhkralt ja hukati.

Väike-Aasia Smürna koguduses oli Polykarpos, kes oli apostel Johannesega osaduses. Polykarpos oli pühendunud piiskop. Kui Rooma võinud arreteerisid Polykarpose ja ta seisis maavalitseja ees, ei salanud ta oma usku.

„Ma ei taha sind häbistada. Anna nende kristlaste tapmise

korraldus ja ma lasen su vabaks. Nea Kristust!"

„Ma olen kaheksakümmend kuus aastat Teda teeninud ja Ta ei ole mulle midagi halba teinud. Kuidas võiksin ma pilgata end päästnud Kuningat?"

Teda püüti surnuks põletada, aga kuna see ei õnnestunud, suri Smürna piiskop Polykarpos märtrisurma pärast surnukspussitamist. Kui paljud teised kristlased nägid ja kuulsid Polykarpose usus minekut ja tema märtrisurma, hakkasid nad mõistma Jeesuse Kristuse kannatusi veelgi sügavamalt ja valisid ise märterluse tee.

Iisraeli mehed, olge ettevaatlikud nende inimestega, mida te ka tahate teha! Sest hiljaaegu tõusis Teudas, öeldes enese kellegi olevat, ja tema poole kaldus arvult ligi nelisada meest. Ta hukati ja kõik tema pooldajad hajutati ning neist ei jäänud enam midagi järele. Pärast seda tõusis rahvaloenduspäevil üles galilealane Juudas ja ahvatles rahva enese järel ära taganema. Temagi hukkus ja kõik tema pooldajad pillutati laiali. Ja nüüd ma ütlen teile: Jätke need inimesed rahule ja laske neil olla – sest kui see nõu või tegu on inimestest, siis see läheb tühja, aga kui see on Jumalast, ei suuda teie seda hävitada –, et teist ei saaks sõdijad Jumala enese vastu! (Apostlite teod 5:35-39).

Kui kuulus Gamaaliel Iisraeli rahvast ülaltooduga manitses ja neile meeldetuletuse tegi, ei saadud Jumala juurest tulnud Jeesuse Kristuse evangeeliumi kummutada. Lõpuks tunnustas keiser Konstantinus 313. aastal m.a.j. kristlust oma impeeriumi ametliku usuna ja Jeesuse Kristuse evangeeliumi hakati kogu maailmas kuulutama.

Pilaatese teatesse kirja pandud Jeesuse tunnistus

Rooma keisririigi ajast pärinevates ajalooürikutes on Jeesuse ülestõusmist puudutav käsikiri, mille Jeesuse eluajal kirjutas Rooma Juuda provintsi maavalitseja Pontius Pilaatus ja mille ta keisrile läkitas.

Järgnev on väljavõte Jeesuse ülestõusmise sündmusest „Pilaatuse teatest keisrile Jeesuse arreteerimise, kohtumõistmise ja ristilöömise kohta," mida praegu säilitatakse Hagia Sophias Istanbulis, Türgis:

> **Mõni päev pärast tühja hauakambri leidmist kuulutasid jüngrid kogu maal, et Jeesus oli surnuist tõusnud, nii nagu Ta oli ette kuulutanud. See tekitas veelgi suuremat ärevust kui ristilöömine. Ma ei saa selle tõesust täpselt kinnitada, aga ma olen asja veidi uurinud; seega te võite asja ise uurida ja näha, kas ma eksin, nagu Heroodes teatab.**
>
> **Joosep mattis Jeesuse oma hauda. Ma ei oska öelda,**

kas ta kaalus Tema ülestõusmist või tegi Talle sinna tahtlikult teise haua. Matusejärgsel päeval tuli üks preestritest pretooriumi ja ütles, et nad kartsid jüngrite kavatsust Jeesuse ihu varastada ja ära peita ja siis lasta paista, otsekui Ta oleks surnuist tõusnud – nii nagu Ta oli ette kuulutanud ja milles nad olid täiesti veendunud.

Ma saatsin ta kuninglike vägede kapteni (Malkuse) jutule, et käskida tal võtta juudi sõdurid ja panna haua ümber nii palju mehi kui vaja; siis võisid nad millegi juhtumise korral süüdistada roomlaste asemel iseendid.

Kui tühi haud tekitas suurt elevust, tundsin ma endisest suuremat muret. Ma lasin kutsuda Islami nimelise mehe, kes edastas mulle järgmised asjaolud, nii täpselt kui ma neid mäletan. Nad nägid hauakambri kohal mahedat ilusat valgust. Ta arvas esiteks, et naised tulid kombekohaselt Jeesuse ihu palsameerima, aga ei saanud aru, kuidas nad valvurite juurest läbi pääsesid. Sellel ajal kui ta neid mõtteid mõlgutas, täitis valgus kogu koha ja seal näisid olevat arvukad suririietes surnud.

Kõik näisid hüüdvat ja ekstaasi tundvat, aga neid ümbritses ja nende kohal kõlas kõige kaunim muusika, mida ta oli eales kuulnud ja kogu õhk näis olevat täis Jumalat kiitvaid hääli. Kogu aja jooksul näis maa keerlevat ja pöörlevat ja talle tuli haiglane nõrkusetunne, nii et ta ei suutnud enam püsti seista. Ta ütles, et maa näis tema all pöörlevat ja ta muutus oimetuks, nii et ta ei saanud toimunust aru.

Kooskõlas Matteuse 27:51-53 kirjutatuga; *„Maa värises ja kaljud murdusid ja hauakambrid avanesid ja ärkas üles palju magama uinunud pühade ihusid ja need tulid hauakambritest välja ja läksid pärast Tema surnuist ülesäratamist pühasse linna ja paljud said seda näha,"* tunnistasid Rooma valvurid sedasama.

Pärast vaimset nähtust oma silmaga pealt näinud Rooma valvurite tunnistute kirjapanekut märkis Pilaatus oma teadaande lõpus: „Ma olen peaaegu valmis ütlema: „Tõesti, see oli Jumala Poeg."

Isanda Jeesuse Kristuse arvukad tunnistajad

Jeesuse Kristuse evangeeliumi ei tunnistanud vaid üksnes Jeesuse avaliku teenistuse ajal Teda teeninud jüngrid. Nii nagu Jeesus ütles Johannese 14:13: *„Ja mida te iganes palute minu nimel, seda ma teen, et Isa saaks kirgastatud Pojas,"* arvukad tunnistajad on saanud Jumalalt palvevastuseid ja tunnistanud elavast Jumalast ja Isandast Jeesusest Kristusest Tema ülestõusmisest ja taevasseminekust saadik.

Vaid te saate väe Pühalt Vaimult, kes tuleb teie üle, ja te peate olema minu tunnistajad Jeruusalemmas ja kogu Juuda- ja Samaariamaal ning ilmamaa ääreni (Apostlite teod 1:8).

Ma võtsin Isanda vastu kui Jumala vägi tegi mind terveks kõigist haigustest, mille vastu arstiteadus oli täiesti abitu. Hiljem võiti mind Isanda Jeesuse Kristuse teenriks ja ma olen kuulutanud evangeeliumi kõigile imede ja tunnustähtedega.

Ülaltoodud salmi alusel on paljud saanud Püha Vaimu vastuvõtmise läbi Jumala lasteks ja pühendanud oma elu Jeesuse Kristuse evangeeliumi kuulutamisele Püha Vaimu väega. Niimoodi on evangeelium levinud kogu maailma ja arvukad inimesed kohtuvad tänapäeval elava Jumalaga ja võtavad Jeesuse Kristuse vastu.

Minge kõike maailma, kuulutage evangeeliumi kogu loodule! Kes usub ja on ristitud, see päästetakse, aga kes ei usu, mõistetakse hukka. Kuid uskujaid saadavad sellised tunnustähed: minu nimel ajavad nad välja kurje vaime, räägivad uusi keeli, tõstavad paljaste kätega üles mürkmadusid, ning kui nad jooksid midagi surmavat, ei kahjustaks see neid; haiged, kellele nad panevad käed peale, saavad terveks (Markuse 16:15-18).

Kolgata Püha Haua kogudus Jeruusalemma Kolgata mäel

2. peatükk
Jumala saadetud Messias

Jumal tõotab Messiast

Iisrael kaotas sageli oma suveräänsuse ja pärslased ja roomlased tungisid riigi territooriumile ja valitsesid seda. Jumal andis oma prohvetite kaudu palju lubadusi Iisraeli kuningana saabuva Messiase kohta. Vaevatud iisraellastele poleks saanud olla suuremat lootuseallikat kui Jumala tõotused Messiase kohta.

Sest meile sünnib laps, meile antakse Poeg, kelle õlgadel on valitsus ja kellele pannakse nimeks Imeline Nõuandja, Vägev Jumal, Igavene Isa, Rahuvürst. Suur on valitsus ja otsatu on rahu Taaveti aujärjel ja tema kuningriigi üle, et seda kinnitada ja toetada kohtu ja õiglusega, sellest ajast ja igavesti. Vägede Isanda püha viha teeb seda (Jesaja 9:5-6).

Vaata, päevad tulevad, ütleb Isand, mil ma lasen tõusta Taavetile ühe õige võsu; Tema valitseb kui kuningas ja talitab targasti, Tema teeb maal õigust ja õiglust. Tema päevil päästetakse Juuda ja Iisrael elab julgesti; ja see on nimi, millega Teda hüütakse: „Isand, meie õigus" (Jeremija 23:5-6).

Ole väga rõõmus, Siioni tütar, hõiska, Jeruusalemma tütar! Vaata, sulle tuleb sinu kuningas, õiglane ja aitaja. Tema on alandlik ja sõidab eesli seljas, emaeesli sälu seljas. Mina hävitan Efraimist sõjavankrid ja sõjaratsud Jeruusalemmast, sõjaammudki hävitatakse. Ja Tema kuulutab rahvaile rahu ning valitseb merest mereni, Frati jõest ilmamaa ääreni (Sakarja 9:9-10).

Iisrael on lakkamatult tänapäevani Messiast oodanud. Mis on pannud Iisraeli innukalt oodatud ja loodetud Messiase tuleku viibima? Paljud juudid soovivad sellele küsimusele vastust, aga vastus seisneb selles, et nad ei tea, et Messias on juba tulnud.

Messias Jeesus kannatas just nii nagu Jesaja prohvetlikult ette kuulutas

Jumala poolt Iisraelile lubatud ja tegelikult saadetud Messias on Jeesus. Jeesus sündis Petlemmas Juudamaal umbes kahetuhande aasta eest ja Jumala määratud ajal suri Jeesus ristil, tõusis surnuist ellu ja avas kogu inimkonnale pääsemise tee. Aga Tema aja juudid ei pidanud Jeesust oodatud Messiaseks. Jeesuse kuju näis täielikult erinevat nende poolt oodatud Messiase omast.

Juudid väsisid pikkadest koloniaalvalitsuse aegadest ja ootasid, et võimas Messias vabastaks nad poliitilise võitluse käest. Nad arvasid, et Messias tuleb Iisraeli kuningana ja lõpetab kõik sõjad, vabastab nad tagakiusust ja rõhumise alt, toob neile tõelise rahu ja teeb nad kõigist teistest riikidest suuremaks.

Aga Jeesus ei tulnud siia maailma kuninglikkusega ühtesobiva hiilguse ja majesteetlikkusega, vaid sündis vaese puussepa pojaks. Ta ei tulnud isegi Iisraeli Rooma rõhumisest vabastama ega selle endist au taastama. Ta tuli maailma, et taastada inimkond, kes oli Aadama pattulangemisest saadik hävingule määratud ja neist Jumala lapsi tegema.

Nende põhjuste pärast ei tunnistanud juudid Jeesust Messiaseks ja lõid Ta selle asemel risti. Aga kui me uurime Piiblisse kirja pandud Messiase kuju, võime me vaid kinnitada, et Messias on tõesti Jeesus.

Sest Ta tõusis meie ees nagu võsuke, otsekui juur põuasest maast. Ei olnud Tal kuju ega ilu, et Teda vaadata, ega olnud Tal välimust, et Teda ihaldada. Ta oli põlatud ja inimeste poolt hüljatud, valude mees ja haigustega tuttav, niisugune, kelle pealt silmad ära pööratakse: Ta oli põlatud ja me ei hoolinud Temast (Jesaja 53:2-3).

Jumal ütles iisraellastele, et Iisraeli kuningal ja Messiasel ei ole kuju ega ilu, et Teda vaadata, ega välimust, et Teda ihaldada, vaid selle asemel on Ta põlatud ja inimeste poolt hüljatud. Sellest hoolimata ei tundnud iisraellased ära, et Jeesus oli Jumala poolt neile lubatud Messias.

Jumala valitud iisraellased põlgasid ja hülgasid Ta, aga Jumal pani Jeesus Kristuse kõrgemale kõigist rahvastest ja arvukatest inimestest, kes on tänapäevani Teda oma Päästjaks vastu võtnud. Nii nagu kirjutatakse Laulus 118:22-23: *„Kivi, mille hooneehitajad ära põlgasid, on saanud nurgakiviks. Isanda käest on see tulnud, see on imeasi meie silmis,"* tegi Iisraeli poolt hüljatud Jeesus inimkonna pääsemise ettehoolde teoks.

Jeesus ei näinud välja nagu Messias, keda Iisraeli rahvas lootis näha, aga me võime aru saada, et Jeesus on Messias, kelles Jumal oma prohvetite kaudu ette kuulutas.

Kõik, kaasa arvatud au, rahu ja taastamine, mida Jumal Messiase kaudu teha lubas, puudutab vaimumaailma ja Jeesus, kes tuli siia maailma, et täita Messiase ülesannet, ütles: *„Minu kuningriik ei ole sellest maailmast"* (Johannese 18:36).

Jumala ettekuulutatud Messias ei olnud maapealse võimu ja auga kuningas. See Messias ei tulnud maailma, et Jumala lastel oleks rikkus, hea kuulsus ja au nende ajutise elu ajal selles maailmas. Ta tuli, et päästa oma rahvas pattudest ja viia nad alatiseks igavesse taevasesse rõõmu ja ausse.

Sel päeval sünnib, et Iisai juurt, kes seisab rahvastele lipuks, otsivad paganad ja Tema asupaik saab auliseks (Jesaja 11:10).

Tõotatud Messias ei pidanud tulema üksnes Jumala väljavalitud iisraellastele, vaid täitma ka päästelubaduse kõigile, kes võtavad Aabrahami usku järgides usu kaudu vastu Messiase tuleku tõotuse. Lühidalt, Messias tuli, et täita kõigi maa rahvaste Päästjana Jumala päästetõotus.

Kogu inimkonna Päästja vajadus

Miks pidi Messias tulema maailma mitte vaid Iisraeli rahva, vaid kogu inimkonna päästmiseks? 1. Moosese raamatus 1:28 õnnistas Jumal Aadamat ja Eevat ja ütles neile: *„Olge viljakad ja teid saagu palju, täitke maa ja alistage see enestele; ja valitsege kalade üle meres, lindude üle taeva all ja kõigi loomade üle, kes maa peal liiguvad."* Pärast esimese inimese Aadama loomist ja tema kõigi teiste loodud olendite üle panekut, andis Jumal inimesele meelevalla maa „alistada" ja selle üle „valitseda." Aga kui Aadam sõi hea ja kurja tundmise puust, mida Jumal oli tal spetsiaalselt keelanud teha ja tegi saatana poolt õhutatud mao ahvatluse tagajärjel sõnakuulmatuse pattu, ei saanud Aadam enam niisugust meelevalda kasutada.

Kui Aadam ja Eeva kuuletusid Jumala õigsuse Sõnale, olid nad õigsuse orjad ja neil oli Jumalalt saadud meelevald, aga pärast pattulangemist said nad patu ja kuradi orjadeks ja pidid oma meelevallast loobuma (Roomlastele 6:16). Seega kogu Jumala poolt Aadamale antud meelevald läks kuradile üle.

Luuka 4. peatükis kiusas vaenlane kurat kolm korda Jeesust, kes oli just lõpetanud neljakümne päeva pikkuse paastu. Kurat näitas Jeesusele kõiki maailma kuningriike ja ütles Talle: *„Ma* *tahan anda Sulle meelevalla kõigi nende üle ja nende hiilguse, sest see on minu kätte antud ja mina võin selle anda, kellele ma iganes tahan. Kui sa nüüd kummardad minu ette, siis on kõik Sinu päralt"* (Luuka 4:6-7). Kurat vihjab, et Aadam „andis talle" „meelevalla ja hiilguse" ja kurat võis seda ka kellelegi teisele üle anda.

Jah, Aadam kaotas kogu meelevalla ja andis selle kuradile ja selle tagajärjel sai temast kuradi ori. Sellest ajast saadik kogunes Aadama elus kuradi valitsuse all olles patt ja ta pandi surma teele, mis on patu palk. See ei lõppenud Aadamaga, vaid mõjutas kõiki tema järglasi, kes pärisid pärilike mõjude kaudu kogu Aadama pärispatu. Nad pandi ka kuradi ja saatana valitsetud patu meelevalla alla ja olid surema määratud.

See selgitab, miks Messias pidi tulema. Messiast, kes oleks suuteline inimesi kuradi ja saatana meelevalla alt vabastama, ei vajanud vaid Jumala valitud iisraellased, vaid kõik maailma rahvad.

Messiase omadused

Nii nagu selles maailmas on seadused, on ka vaimumaailmas reeglid ja ettekirjutused. Inimese surma sattumine või pattude eest andeks saamine ja päästetud saamine sõltub vaimumaailma seadusest.

Missugustele tingimustele peab inimene vastama, et ta võiks olla kogu inimkonda käsuseaduse needuse alt päästev Messias? Messiase omadusi puudutavad tingimused on Jumala valitutele antud käsuseaduses kirjas. Käsuseadus puudutas maa lunastamist.

Maad ärgu müüdagu igaveseks, sest maa on minu päralt; sest te olete ju võõrad ja majalised minu juures! Aga kogu maal, mis on teie valduses, laske maad lunastada. Kui su vend jääb kehvaks ja müüb midagi oma maaomandist, siis tulgu lunastama see, kes temale on kõige lähem, ja lunastagu, mida ta vend on müünud (3. Moosese raamat 25:23-25).

Maa lunastamise seaduses on Messiase omaduste saladused

Jumala valitud iisraellased elasid käsuseaduse järgi. Seega

pidasid nad maa müügi ja ostu tehingute käigus rangelt kinni Piiblisse kirja pandud maa lunastamise seadusest. Iisraeli seadus tegi lepingus selgeks, teiste maade maaseadusest erinevalt, et maad ei võinud alatiseks müüa, vaid see võidi hiljem tagasi osta. See tegi võimalikuks, et rikas sugulane võis maa lunastada selle müünud pereliikme jaoks. Kui inimesel puudus piisavalt rikas sugulane, aga ta sai ise lunastamiseks piisava vara, lubas seadus maa algsel omanikul maa enesele tagasi osta.

Kuidas on siis 3. Moosese raamatusse kirja pandud maa lunastamise seadus seotud Messiase omadustega?

Sellest paremini aru saamiseks tuleb meil meeles pidada, et inimene tehti maapõrmust. 1. Moosese raamatus 3:19 ütles Jumal Aadamale: *„Oma palge higis pead sa leiba sööma, kui sa jälle mullaks saad, sest sellest oled sa võetud! Tõesti, sa oled põrm ja pead jälle põrmuks saama!"* Ja 1. Moosese raamatus 3:23 on veel kirjas: *„Siis saatis Isand Jumal tema Eedeni rohuaiast välja, et ta hariks maad, millest ta oli võetud."*

Jumal ütles Aadamale: „sest sa oled põrmust võetud" ja „maa" tähistab vaimselt, et inimene moodustati maapõrmust. Seega, maa lunastamise seadus, mis puudutas maa müüki ja ostu, on otseselt seotud inimkonna pääsemist puudutava vaimumaailma seadusega.

Maa lunastamise seaduse alusel kuulub kogu maa Jumalale ja keegi ei saa seda alatiseks müüa. Samamoodi kuulus kogu Aadama meelevald, mille ta Jumala käest sai, esialgu Jumalale ja keegi ei saanud seda seega alatiseks müüa. Kui keegi vaesus ja müüs oma maa, tuli maa sobiva isiku ilmumise korral lunastada.

Samamoodi pidi kurat Aadamalt saadud meelevalla tagastama, kui ilmus isik, kes võis toda meelevalda lunastada. Maa lunastamise seaduse järgi valmistas armastuse ja õigluse Jumal isiku, kes võis tagasi võtta kogu Aadama poolt kuradile antud meelevalla. See isik oli Messias ja Messias on Jeesus Kristus, keda valmistati igavesest ajast alates ja kelle läkitas Jumal ise.

Päästjaks olemise tingimused ja kuidas Jeesus Kristus neile vastas

Vaatleme maa lunastamise seaduse alusel, kuidas Jeesus on kogu inimkonna Messias ja Päästja.

Esiteks, nii nagu maa lunastaja pidi olema sugulane, peab ka Päästja olema inimene, et inimkonda pattudest lunastada, kuna esimese inimese Aadama läbi sai kogu inimkond patu tegijaks. 3. Moosese raamatus 25:25 öeldakse: *„Kui su vend jääb kehvaks ja müüb midagi oma maaomandist, siis tulgu lunastama see, kes temale on kõige lähem, ja lunastagu, mida ta vend on müünud."* Kui inimene ei suutnud enam oma maa enese käes hoidmist võimaldada ja müüs maa, võis ta kõige lähem sugulane maa tagasi osta. Samamoodi, kuna esimene inimene Aadam tegi pattu ja pidi Jumalalt saadud meelevalla kuradile üle andma, võis ja pidi kuradile antud meelevalla lunastama inimene, kes oli Aadama „lähim sugulane."

Nii nagu kirjutatakse 1. Korintlastele 15:21: *„Et surm on*

tulnud inimese kaudu, siis tuleb ka surnute ülestõusmine inimese kaudu," kinnitatakse Piiblis meile taas, et patuseid ei saa lunastada inglid ega loomad, vaid ainult inimene. Inimkond läks surma teele esimese inimese, Aadama, patu tõttu ja keegi teine pidi neid patust vabaks ostma ning seda võis teha vaid teine inimene, kes oli Aadama „lähim sugulane".

Kuigi Jeesusel oli inimloomus ja samuti Jumala Poja jumalik loomus, sündis Ta inimkonna pattudest lunastamiseks inimesest (Johannese 1:14) ja kasvas üles inimesena. Jeesus magas ja tundis nälga ja janu, rõõmu ja kurbust kui inimene. Kui ta rippus ristil, voolas Jeesusest verd ja tundis sellega kaasas käivat valu.

Ka ajaloolises kontekstis on ümberlükkamatud tõendid, mis tunnistavad, et Jeesus tuli maailma inimesena. Maailma ajalugu on Jeesuse sünni algpunktist jagatud kaheks: „eKr" ja (A.D.) ehk „m.a..j". Lühend „eKr" tähistab aega enne Jeesuse sündi ja „A.D." või "Anno Domini" („Meie Isanda aastal") tähistab aega Jeesuse sünnist. See kinnitab, et Jeesus tuli maailma inimesena. Seega Jeesus vastab Päästjaks olemise esimesele tingimusele, sest Ta tuli maailma inimesena.

Teiseks, nii nagu maa lunastaja ei saanud maad lunastada, kui ta oli vaene, ei saanud Aadama järeltulija inimkonda patust lunastada, sest Aadam tegi pattu ja seetõttu sündisid kõik tema järeltulijad pärispatuga. Kogu inimkonda lunastav Päästja ei saanud olla Aadama järeltulija.

Kui vend tahtis maksta tagasi õe võlga, pidi ta ise olema võlgadeta. Samamoodi peab teisi patust lunastav isik olema patuta. Kui lunastaja on patune, on ta patu ori. Kuidas saaks ta siis teisi pattudest lunastada? Pärast Aadama sõnakuulmatuse patu tegemist pidid kõik ta järeltulijad sündima pärispatuga. Seega ei saanud ükski Aadama järeltulija kunagi Päästja olla.

Lihalikult oli Jeesus Taaveti järeltulija ja Ta vanemad olid Joosep ja Maarja. Aga Matteuse 1:20 on kirjas: *„Laps, keda ta kannab, on Pühast Vaimust."*

Igaüks on sündinud pärispatuga, kuna inimene pärib oma vanemate patused omadused isa sperma ja ema munarakuga. Aga Jeesust ei eostatud Joosepi sperma ja Maarja munaraku kaudu, vaid Püha Vaimu väega. Seetõttu oligi Maarja rase enne oma mehega magamist. Kõikvõimas Jumal võib last eostada Püha Vaimu väega, ilma sperma ja munaraku ühinemiseta.

Jeesus üksnes „laenas" neitsi Maarja ihu. Kuna Ta eostati Püha Vaimu väega, ei pärinud Jeesus patuste inimeste omadusi. Kuna Jeesus ei ole Aadama järglane ja on pärispatuta, vastab Ta ka Päästjaks olemise teisele tingimusele.

Kolmandaks, nii nagu maa lunastaja peab olema maa lunastamiseks piisavalt rikas, peab kogu inimkonna Päästjal olema vägi kuradi võitmiseks ja inimkonna kuradi käest päästmiseks.

3. Moosese raamatus 25:26-27 on kirjas: *„Kui kellelgi ei ole lunastajat, aga ta enese jõud lubab ja ta hangib nii palju, kui lunastuseks on tarvis, siis ta arvestagu aastaid müügist alates*

ja andku rohkem makstud osa tagasi mehele, kellele ta müüs, ja ta mingi taas oma maaomandile!" Teiste sõnadega, selleks, et inimene ostaks maa tagasi, peavad tal olema selle tegemiseks vajalikud „vahendid."

Sõjavangide vabastamiseks on vaja, et ühel poolel oleks vaenlase võitmiseks vajalik vägi ja teiste võla tagasimaksmiseks on vaja, et inimesel oleksid finantsvahendid selle tegemiseks. Samamoodi on vaja kogu inimkonna kuradi meelevalla alt vabastamiseks, et Päästjal oleks kuradi võitmiseks vajalik vägi, et inimesi kuradi käest vabaks päästa.

Enne pattulangemist oli Aadamal meelevald kogu loodu üle valitsemiseks, aga pärast pattulangemist sai Aadam kuradi meelevalla aluseks. Sellest saame me aru, et kuradi võitmiseks vajalik vägi tuleb patu puudumisest.

Jumala Poeg Jeesus oli täiesti patuta. Kuna Jeesuse eostas Püha Vaim ja Ta ei olnud Aadama järglane, oli Ta pärispatuta. Pealegi, kuna Ta pidas kogu elu jooksul Jumala Seadusest kinni, ei olnud Temas elu jooksul tehtud pattu. Sel põhjusel ütles apostel Peetrus, et Jeesus *„ei teinud pattu, ega leitud pettust Tema suust; Ta ei sõimanud vastu, kui Teda sõimati; Ta kannatas ega ähvardanud, vaid jättis kõik selle hoolde, kes mõistab kohut õiglaselt"* (1. Peetruse 2:22-23).

Kuna Jeesus oli patuta, oli Tal vägi ja meelevald kuradi võitmiseks ja Tal oli ka vägi inimkonna kuradi käest päästmiseks. Tema kaudu ilmsiks saanud arvukad imeteod ja tunnustähed andsid sellest tunnistust. Jeesus tegi haiged terveks, ajas välja kurjad vaimud, tegi pimedad nägijaks, kurdid kuuljaks ja jalust vigased käijaks. Jeesus vaigistas isegi tormise mere ja elustas surnuid.

Jeesuse surnuist ülestõusmine ei jätnud kahtluse varjugi, et Jeesus oli patuta. Vaimumaailma seaduse kohaselt peavad patused surema (Roomlastele 6:23). Aga kuna Jeesus oli patuta, ei allunud Ta surma väele. Ta hingas risti peal viimast korda ja Ta ihu maeti hauda, aga kolmandal päeval tõusis Ta surnuist üles.

Pidage meeles, et suured usuisad nagu Eenok ja Eelija võeti elavalt Taevasse ja nad ei näinud surma, sest nad olid patuta ja said täiesti pühitsetud. Samamoodi tegi Jeesus kolmandal päeval pärast Ta matmist oma ülestõusmisega maatasa kuradi ja saatana meelevalla ja sai kogu inimkonna Päästjaks.

Neljandaks, nii nagu maa lunastajal pidi olema armastus oma sugulase maa lunastamiseks, pidi ka inimkonna Päästjal olema armastus, mille läbi oma elu teiste eest anda.

Isegi kui Päästja vastab esimesele kolmele varem mainitud tingimusele, aga Tal pole armastust, ei saaks Ta kogu inimkonna Päästjaks saada. Oletagem, et vennal on $100 000 suurune võlg ja ta õde on multimiljonär. Kui õel poleks armastust, ei tasuks ta venna võlga ja ta tohutusuur rikkus ei tähendaks venna jaoks midagi.

Jeesus tuli maailma inimesena, aga Ta polnud Aadama järeltulija ja Tal oli vägi kuradi võitmiseks ning inimkonna kuradi käest päästmiseks, sest Ta oli patuta. Aga armastuseta poleks Jeesus inimkonda nende pattudest lunastada saanud.

„Jeesuse inimkonna pattudest lunastamine" tähendas, et Ta pidi nende eest surmakaristust kandma. Selleks, et Jeesus inimkonda pattudest lunastada saaks, tuli Ta maailma jõledaimate patuste kombel risti lüüa ja Ta pidi kannatama igasugust halvakspanu ja põlastust ning surmani tühjaks jooksma oma ihus olevast veest ja verest. Aga kuna Jeesus armastas inimkonda nii tuliselt ja kuna Ta tahtis inimkonda patust lunastada, ei muretsenud Ta ristilöömise karistuse pärast.

Miks siis Jeesus pidi puuristil rippuma ja surmani verest tühjaks jooksma? Nii nagu 5. Moosese raamatus 21:23 kirjutatakse: *„Poodu on Jumalast neetud"* ja vaimumaailma seaduse kohaselt, mis kirjutab: „Patu palk on surm," tuli Jeesus kogu inimkonda siduvast patu needusest vabastamiseks ristile rippuma panna.

Lisaks kirjutatakse 3. Moosese raamatus 17:11: *„Sest liha hing on veres, ja selle ma olen teile andnud altari jaoks lepituse toimetamiseks teie hingede eest; sest veri lepitab temas oleva hinge tõttu,"* verevalamiseta ei ole pattude andekssaamist.

Muidugi öeldakse 3. Moosese raamatus, et Jumalale võis loomavere asemel tuua ohvriks ka peeneks jahvatatud jahu. Aga see oli neile, kes ei suutud loomaohvrite toomist võimaldada. See ei olnud niisugune vereohver, mis oli Jumalale meelepärane. Jeesus lunastas meid pattudest, lastes end ristile panna ja voolates seal verest tühjaks.

Kui imeline on Jeesuse armastus, misläbi Ta valas ristil oma vere ja avas pääsemise tee inimestele, kes Teda põlastasid ja risti lõid, hoolimata sellest, et Ta tervendas inimesi igasugustest haigustest, vabastas ikke jutad ja tegi vaid head.

Maa lunastamise seaduse järgi me järeldame, et ainult Jeesus vastas inimkonda pattudest lunastada võiva Päästja tingimustele.

Enne aegade algust tehtud inimkonna päästeplaan

Inimkonna päästeplaan sai alguse Jeesuse ristisurma ja matmise järgse ülestõusmisega kolmandal päeval, mis põrmustas surma meelevalla. Jeesus tulekut maailma inimkonna pääsemise ettehoolde täitmiseks ja inimkonna Messiaseks saamiseks kuulutati ette Aadama pattulangemise hetkest.

1. Moosese raamatus 3:15 ütles Jumal naist ahvatlenud maole: *„Ja ma tõstan vihavaenu sinu ja naise vahele, sinu seemne ja tema seemne vahele, kes purustab su pea, aga kelle kanda sa salvad."* Siin tähistab „naine" vaimselt Jumala valitud Iisraeli ja „madu" tähistab Jumalale vastu seisvat vaenlast kuradit ja saatanat. Kui „naise" seeme „purustab [mao] pea," tähendab see, et inimkonna Päästja tuleb iisraellaste seast ja võidab vaenlase kuradi surma väe.

Madu kaotab väe kui ta pead vigastatakse. Samamoodi, kui Jumal ütles maole, et naise seeme purustab mao pea, kuulutas Ta prohvetlikult ette, et inimkonna Kristus sünnib Iisraelis ja hävitab kuradi ja saatana meelevalla ja päästab nende meelevalla all olevad patused.

Kuna kurat oli sellest teadlik, püüdis ta naise seemet tappa ene kui Ta sai ta pead kahjustada. Kurat uskus, et kui ta tapab naise seemne, saab ta igavesti kogeda meelevalda, mille sõnakuulmatu Aadam talle üle andis. Aga vaenlane kurat ei teadnud, kes oli naise seeme ja hakkas seetõttu tegema plaane Vana Testamendi ajast alates Jumala ustavate ja armastatud prohvetite tapmiseks.

Kui Mooses sündis, ässitas vaenlane kurat Egiptuse vaaraod, et ta tapaks kõik Iisraeli naiste poeglapsed (2. Moosese raamat 1:15-22) ja kui Jeesus tuli lihas maailma, õhutas ta kuningas Heroodese südant ja lasi tal tappa kõik Petlemmas ja selle ümbruses olevad poeglapsed, kes olid kahe aastased ja nooremad. Sellepärast tegutses Jumal Jeesuse pere heaks ja lasi neil Egiptusest pageda.

Pärast seda kasvas Jeesus Jumala hoole all ja alustas teenistust kolmekümne aasta vanuses. Jumala tahte järgi läks Jeesus läbi kogu Galilea, õpetades sealsetes sünagoogides ja tehes inimesi terveks igasugusest tõvest ja haigusest, elustades surnuid ja kuulutades taevariigi evangeeliumi vaestele.

Kurat ja saatan ässitasid ülempreestreid, kirjatundjaid ja varisere ja hakkasid tegema plaane Jeesuse tapmiseks. Aga kurjad inimesed ei saanud enne Jumala määratud aega Jeesust puudutadagi. Jumal lasi neil alles Jeesuse kolmeaastase teenistuse lõpus Ta kinni võtta ja risti lüüa, et Jeesuse ristilöömise kaudu täita inimkonna pääsemise ettehoole.

Alistudes juutide survele, määras Rooma maavalitseja Pontius Pilaatus Jeesusele ristilöömise karistuse ja seega rooma sõdurid kroonisid Jeesuse okaskrooniga ja naelutasid Ta kätt-ja jalgupidi ristile.

Ristilöömine oli üks julmemaid kurjategija hukkamise meetodeid. Kui kuradil õnnestus lasta Jeesus kurjade inimeste läbi risti lüüa, oli ta väga rõõmus. Ta ei oodanud, et keegi või miski oleks suutnud takistada ta maailmavalitsust ja laulis rõõmulaule ja lõi tantsu. Aga selles oli Jumala ettehoole.

Vaid me kõneleme Jumala saladusse peidetud tarkusest, mille Jumal on ette määranud meie kirkuseks enne ajastuid. Ükski praeguse ajastu valitsejaist ei ole seda ära tundnud, sest kui nad seda oleksid tundnud, ei oleks nad kirkuse Isandat risti löönud (1. Korintlastele 2:7-8).

Kuna Jumal on õiglane, ei kasuta Ta iga viimase käsupügala puhul oma absoluutset meelevalda, vaid teeb kõike vaimumaailma seaduse kohaselt. Seega sillutas Ta enne ajastute algust inimkonna pääsemise tee Jumala käsuseaduse kohaselt.

Kui aluseks võtta vaimumaailma seadus, mis ütleb: *„patu palk on surm"* (Roomlastele 6:23), kui inimene ei tee pattu, ta ei näe surma. Aga kurat lasi risti lüüa patuta, veatu, laitmatu Jeesuse. Kurat rikkus seega vaimumaailma seadust ja pidi selle eest maksma, tagastades Aadamalt pattulangemise järgselt saadud meelevalla. Teiste sõnadega, nüüd oli kurat sunnitud oma haardest vabaks laskma kõik inimesed, kes võtsid Jeesuse Päästjaks ja uskusid Tema nimesse.

Kui vaenlane kurat oleks teadnud seda Jumala tarkust, ei oleks ta Jeesust risti löönud. Kuna ta aga ei olnud sellest saladusest teadlik, lasi ta patuta Jeesuse tappa, uskudes kindlalt, et see tagab talle igaveseks maailmavalitsuse. Aga tegelikkuses kukkus kurat enese lõksu ja lõpetas vaimumaailma seadust rikkudes. Kui imeline on Jumala tarkus!

Tõde peitub selles, et vaenlasest kuradist sai Jumala inimese päästmise ettehoolde teostamise tööriist ja 1. Moosese raamatus toodud prohvetliku ettekuulutuse kohaselt naise seeme „purustas" vaenlase pea.

Jumala ettehoolde ja tarkusega suri patuta Jeesus, et lunastada kogu inimkond pattudest ja tõusis kolmandal päeval surnuist üles. Ta põrmustas vaenlase kuradi surma meelevalla ja Temast sai kuningate Kuningas ja isandate Isand. Ta avas pääsemise ukse, et me võiksime saada õigeks usu läbi Jeesusesse Kristusesse.

Seega, kogu inimkonna ajaloo jooksul on arvukad inimesed saanud päästetud usu läbi Jeesusesse Kristusesse ja tänapäeval võtavad veelgi rohkemad inimesed Isanda Jeesuse Kristuse vastu.

Püha Vaimu vastuvõtmine usu läbi Jeesusesse Kristusesse

Miks meid päästetakse kui me usume Jeesust Kristust? Kui me võtame Jeesuse Kristuse oma Päästjaks, saame me Jumalalt Püha Vaimu. Kui me võtame vastu Püha Vaimu, elustub meie surnud vaim. Kuna Püha Vaim on Jumala vägi ja süda, juhatab Ta Jumala lapsi Tõesse ja aitab neil Jumala tahte kohaselt elada.

Seega, need, kes tõesti usuvad, et Jeesus Kristus on nende Päästja, järgivad Püha Vaimu soove ja püüavad elada Jumala Sõna alusel. Nad vabanevad vihkamisest, keevalisusest, armukadedusest,

kadedusest, kohtumõistmisest ja teiste taunimisest ning abielurikkumisest ja elavad selle asemel headuses ja tões ja mõistavad, teenivad ja armastavad teisi inimesi.

Nii nagu eelnevalt mainitud, kui esimene inimene Aadam tegi pattu ja sõi hea ja kurja tundmise puust, suri inimese vaim ja inimene sattus hävingu teele. Aga kui me võtame vastu Püha Vaimu, elavdub me surnud vaim ja kuniks me taotleme Püha Vaimu soove ja käime Jumala Sõna Tões, saame me järk-järgult tõeinimesteks ja meis taastub Jumala kadumaläinud kuju.

Kui me elame Jumala Sõna Tões, tunnustatakse me usku „tõelise usuna" ja kuna Jeesuse veri puhastab meid patust vastavalt meie usutegudele, võime me pääseda. Sellepärast kirjutatakse 1. Johannese 1:7: „*Aga kui me käime valguses, nõnda nagu Tema on valguses, siis on meil osadus omavahel ning Jeesuse, Tema Poja veri puhastab meid kogu patust.*"

Nii saame me usu kaudu päästetud kui me võtame vastu andestuse oma pattude eest. Aga kui me elame patus, hoolimata oma usutunnistusest, on see tunnistus vale ja seega ei saa Isanda Jeesuse Kristuse veri meid patust lunastada ega meie pääsemist garanteerida.

Muidugi erineb see Jeesuse Kristuse just vastu võtnud inimeste korral. Isegi kui nad ei ela veel Tões, uurib Jumal nende südant ja usub, et nad saavad muudetud ja viib nad pääsemisele, kui nad püüavad Tõe suunas edasi liikuda.

Jeesus täidab prohvetikuulutused

Jeesus tegi teoks Jumala Sõna Messiase kohta, mida prohvetid ette kuulutasid. Jeesuse elu iga külg, Tema sünnist ja teenistusest Ta surma, ristilöömise ja ülestõusmiseni, oli Jumala ettehoolde raames, et Ta saaks kogu inimsoo Messiaseks ja Päästjaks.

Jeesus sündis neitsist Petlemmas

Jumal kuulutas Jeesuse sündi prohvet Jesaja kaudu ette. Jumala määratud ajal tuli Kõigekõrgema Jumala vägi alla Galilea Naatsaretis elava Maarja nimelise puhta naise üle ja varsti oli ta lapseootel.

Sellepärast annab Isand ise teile tunnustähe: ennäe, neitsi jääb lapseootele ja toob poja ilmale ning paneb Temale nimeks Immaanuel (Jesaja 7:14).

Nii nagu Jumal lubas Iisraeli rahvale: „Taaveti kojas ei lõpe kuningate sugu," tegi Ta nii, et Messias sündis Maarja nimelisest naisest, kes pidi Taaveti järeltulija Joosepiga abielluma. Kuna pärispatuga sündinud Aadama järeltulija ei saanud inimkonda patust lunastada, täitis Jumal prohvetliku ettekuulutuse, lastes neitsi Maarjal sünnitada Jeesus enne tema ja Joosepi abiellumist.

Aga sina, Petlemma Efrata, olgugi väike, Juuda tuhandete seast, sinust tuleb mulle see, kes saab valitsejaks Iisraelis ja kes põlvneb muistsetest päevist, igiaegadest (Miika 5:1).

Piiblis kuulutati, et Jeesus sünnib Petlemmas. Tõesti, Jeesus sündis Juuda Petlemmas kuningas Heroodese ajal (Matteuse 2:1) ja ajalugu tunnistab sellest.

Kui Jeesus sündis, kartis kuningas Heroodes oma valitsusele ohtu ja püüdis Jeesust tappa lasta. Aga kuna ta ei suutnud last üles leida, tappis kuningas Heroodes kõik kaheaastased ja nooremad poeglapsed Petlemmas ja selle lähedal ja seega oli kogu piirkond täis nuttu ja leinamist.

Kui Jeesus ei oleks tulnud maailma juutide tõelise Kuningana, miks oleks kuningas pidanud ühe lapse tapmiseks nii palju lapsi ohvriks tooma? See tragöödia sündis, kuna vaenlane kurat, kes püüdis Messiast tappa, kartes kaotada maailmavalitsust, õhutas oma krooni kaotada kartva kuningas Heroodese südant ja lasi tal see jõledus teoks teha.

Jeesus tunnistas elavast Jumalast

Enne teenistuse algust pidas Jeesus kolmekümne eluaasta jooksul täielikult käsuseadusest kinni. Ja kui Ta sai preestriameti jaoks piisavalt vanaks, hakkas Ta teenima, et Temast võiks saada enne aegade algust plaanitud Messias.

> *Isanda Jumala Vaim on minu peal, sest Isand on mind võidnud; Ta on mind läkitanud viima rõõmusõnumit alandlikele, parandama neid, kel murtud süda, kuulutama vabastust vangidele ja avama pimedate silmi, kuulutama Isanda meelepärast aastat ja meie Jumala kättemaksu päeva, trööstima kõiki leinajaid, andma Siioni leinajaile, laubaehte tuha asemel, rõõmuõli leinarüü asemel, ülistusrüü kustuva vaimu asemel, et neid nimetataks „Õigluse tammedeks", „Isanda istanduseks", millega Ta ennast ehib* (Jesaja 61:1-3).

Nii nagu ülaltoodud prohvetikuulutuses kirjas, lahendas Jeesus kõik eluprobleemid Jumala väega ja trööstis murtud südamega inimesi. Ja Jumala määratud ajal läks Jeesus Jeruusalemma, et kannatada ristilöömist.

> *Ole väga rõõmus, Siioni tütar, hõiska, Jeruusalemma tütar! Vaata, sulle tuleb sinu kuningas, õiglane ja aitaja. Tema on alandlik ja sõidab eesli seljas, emaeesli sälu seljas* (Sakarja 9:9).

Sakarja ettekuulutuse kohaselt läks Jeesus Jeruusalemma linna sälu seljas. Rahvas hüüdis: „*Hoosanna Taaveti Pojale! Õnnistatud olgu see, kes tuleb Isanda nimel! Hoosanna kõrgustes!"* (Matthew 21:9) ja kogu linn oli elevil. Inimesed rõõmustasid niimoodi, kuna Jeesuse läbi said ilmsiks niisugused imelised tunnustähed ja imeteod nagu vee peal käimine ja surnute elustamine. Aga peagi rahvahulgad reetsid Ta ja lõid Ta risti.

Kui preestrid, variserid ja kirjatundjad nägid suuri rahvahulki Jeesusele järgnemas, et Ta meelevallaga räägitud Sõnu kuulda ja Jumala väeilminguid näha, tundsid nad, et nende ühiskondlik positsioon oli ohus. Kalgist vihkamisest Jeesuse vastu pidasid nad Tema tapmise plaani. Nad leiutasid igasuguseid valetõendeid Jeesuse vastu ja süüdistasid Teda inimeste petmises ja ülesässitamises. Jeesuse läbi said nähtavaks Jumala väe imelised teod, mida Ta ei oleks võinud Jumalata teha, aga nad püüdsid Jeesusest vabaneda.

Lõpuks reetis üks Jeesuse jünger Ta ja preestrid tasusid talle kolmkümmend hõbetükki selle eest, et ta aitas neil Jeesuse kinni võtta. Täitus Sakarja prohvetlik ettekuulutus kolmekümne hõbetüki suuruse palga kohta: *„Ja ma võtsin need kolmkümmend hõbeseeklit ja viskasin potissepale"* (Sakarja 11:12-13).

Hiljem ei suutnud see mees, kes Jeesuse kolmekümne hõbeseekli eest Jeesuse reetis, süütundest võitu saada ja viskas kolmkümmend hõbeseeklit templi pühamusse, aga preestrid ostsid selle raha eest „potissepa põllu" (Matteuse 27:3-10).

Jeesuse kannatused ja surm

Prohvet Jesaja ettekuulutuse alusel kannatas Jeesus, et kõiki inimesi päästa. Kuna Jeesus tuli siia maailma, et täita Jumala ettehoole Ta rahva pattudest lunastamiseks, pandi Ta needust sümboliseerivale puuristile, kus Ta suri ja andis enese inimkonna eest Jumalale süüohvriks.

Et tõeliselt võttis Ta enese peale meie haigused ja kandis meie valusid. Meie aga pidasime Teda vigaseks, Jumalast nuhelduks ja vaevatuks. Ent Teda haavati meie üleastumiste pärast, löödi meie süütegude tõttu. Karistus oli Tema peal, et meil oleks rahu, ja Tema vermete läbi on meile tervis tulnud. Me kõik eksisime nagu lambad, igaüks meist pöördus oma teed, aga Isand laskis meie kõigi süüteod tulla Tema peale. Teda piinati ja Ta alistus ega avanud suud, nagu tall, keda viiakse tappa, nagu lammas, kes on vait oma niitjate ees, nõnda ei avanud Ta oma suud. Surve ja kohtu läbi võeti Ta ära, kes Tema sugupõlvest mõtles sellele, et Ta lõigati ära elavate maalt, ja Teda tabas surm mu rahva üleastumise pärast? Temale anti haud õelate juurde, kurjategijate juurde, kui Ta suri, kuigi Ta ei olnud ülekohut teinud ega olnud pettust Ta suus. Aga Isand arvas heaks Teda alandada haigustega. Kui Ta iseenese on andnud süüohvriks, saab Ta näha tulevast sugu, Ta elab kaua ja Isanda tahe teostub Tema läbi (Jesaja 53:4-10).

Vana Testamendi ajal toodi Jumalale alati kui inimene Tema vastu pattu tegi, loomade vereohvreid. Aga Jeesus valas oma puhta vere, kus ei olnud pärispattu ega Tema tehtud pattu ja „ohverdas üheainsa ohvri pattude eest jäädavalt", et igaüks võis saada pattude andestuse ja igavesse ellu minna (Heebrealastele 10:11-12). Seega Ta sillutas tee pattude andeksandmiseks ja Jeesusesse Kristusesse usu läbi pääsemiseks ja me ei pea enam loomade verd ohvriks tooma.

Kui Jeesus ristil viimast korda hingas, rebenes templi eesriie ülalt alla kaheks (Matteuse 27:51). Templi eesriie oli suur vaip, mis eraldas Pühamast püha paika Templi pühast paigast ja ükski tavaline inimene ei võinud minna Pühasse paika. Ainult ülempreester võis minna Pühamast pühasse paika kord aastas.

See, et „templi eesriie kärises ülevalt alla kaheks", sümboliseerib, et kui Ta ohverdas enese lepitusohvriks, hävitas Jeesus Jumala ja meie vahelise patumüüri. Vana Testamendi ajal pidid ülempreestrid Jumalale ohvreid tooma Iisraeli inimeste pattude eest ja nad palusid Jumalat nende eest. Nüüd kui meie ja Jumala vaheline patumüür on hävitatud, võime me Jumalaga ise suhelda. Teiste sõnadega, igaüks, kes usub Jeesust Kristust, võib minna Jumala pühamusse ja kummardada ja paluda Teda seal.

Sellepärast ma annan Temale osa paljude hulgas ja Ta jagab vägevatega saaki, sest Ta tühjendas oma hinge surmani ja Ta arvati üleastujate hulka; Tema aga kandis paljude pattu ja seisis üleastujate eest (Jesaja 53:12).

Nii nagu prohvet Jesaja pani kirja Messiase kannatused ja

ristilöömise, suri Jeesus ristil kõigi inimeste pattude eest, aga Teda arvati ülestujate hulka. Isegi ristil surres palus Ta Jumalal Ta ristilööjatele andestada.

Isa, anna neile andeks, sest nad ei tea, mida nad teevad! (Luuka 23:34).

Kui Ta risti peal suri, sai teoks laulukirjutaja prohvetlik ettekuulutus: „*Ta hoiab kõiki Tema luid-liikmeid, ükski neist ei murdu*" (Laul 34:21). Me võime selle teostumisest lugeda Johannese 19:32-33: „*Sõdurid tulid nüüd ja lõid katki sääreluud nii esimesel kui teisel, kes koos Jeesusega olid risti löödud. Aga kui nad tulid Jeesuse juurde ja nägid, et Ta oli juba surnud, siis nad ei löönud katki Tema sääreluid.*"

Jeesus täidab Messiaks saamise teenistuse

Jeesus kandis ristil inimkonna patud ja suri nende eest patuohvrina, aga pääsemise ettehoolde täitumine ei tulnud Jeesuse suremise kaudu.

Laul 16:10 „*Sest Sina ei jäta mu hinge surmavalla kätte ega lase oma vagal näha kõdunemist*" ja Laul 118:17 „*Ei ma sure, vaid jään elama, ja jutustan Isanda tegusid*" prohvetliku ettekuulutuse alusel ei kõdunenud Jeesuse ihu ja Ta tõusis kolmandal päeval surnuist üles.

Nii nagu Laulus 68:19 „*Sa läksid üles kõrgesse ja võtsid vangihulga saagiks, said ande inimeste seast, isegi tõrkujate seast, Sa Isand Jumal kõrgustes"* kuulutatakse edasi prohvetlikult, läks Jeesus Taevasse ja on oodanud lõpuaega, et inimese kasvatamine lõpetada ja viia oma rahvas Taevasse.

Lihtne on täheldada, kuidas kõik, mida Jumal oma prohvetite kaudu Messiase kohta ette kuulutas, täitus täielikult Jeesuse Kristuse kaudu.

Jeesuse surm ja prohvetlikud kuulutused Iisraeli kohta

Jumala valitu Iisrael ei tunnistanud, et Jeesus oli Messias. Aga Jumal ei ole ikkagi oma valitud rahvast jätnud ja teostab tänapäeval Iisraeli pääsemise ettehoolet.

Ka Jeesuse ristiöömise kaudu kuulutas Jumal prohvetlikult ette Iisraeli tulevikku ja tegi seda oma tõsimeelsest armastusest nende vastu ja soovist, et nad usuksid Jumala saadetud Messiast ja tuleksid pääsemisele.

Iisraeli kannatused, mille tõttu Jeesus löödi risti

Isegi kui Rooma maavalitseja Pontius Pilaatus määras Jeesusele ristiöömise karistuse, veensid juudid, et Pilaatus selle otsuse teeks. Pilaatus oli teadlik, et Jeesuse tapmiseks polnud alust, aga rahvahulgad avaldasid talle survet ja hüüdsid, et Jeesus risti löödaks ning läksid nii kaugele, et asi ähvardas mässuks pöörduda.

Pilaatus kinnitas Jeesuse ristiöömise otsust ja võttis vee ning pesi rahva ees käed, öeldes neile: *„Ma olen süüta selle verest! Küll te näete!"* (Matteuse 27:24). Juudid hüüdsid vastuseks sellele: *„Tema veri tulgu meie ja meie laste peale!"* (Matteuse

27:25)

Aastal 70 A.D. langes Jeruusalemm Rooma väepealiku Tiituse kätte. Tempel hävines ja ellujäänud sunniti kodumaalt lahkuma ja nad põgenesid kogu maailma. See oli diasporaa algus, mis kestis peaaegu 2000 aastat. Iisraeli rahva piinad diasporaa ajal olid sõnulkirjeldamatud.

Kui Jeruusalemm langes, surmati umbes 1,1 miljonit juuti ja II Maailmasõja ajal tapsid natsid umbes kuus miljonit juuti. Kui natsid surmasid juute, võtsid nad juudid alasti ja see meenutab aega kui Jeesus löödi alasti risti.

Muidugi võivad nad Iisraeli seisukohast vaielda, et nende kannatus ei ole Jeesuse ristilöömise tulemus. Tagasivaade Iisraeli ajaloole aga jääb lihtsalt silma, et Iisrael ja iisraellased olid Jumala kaitse all ja neil läks hästi kui nad elasid Jumala tahte kohaselt. Kui iisraellased eemaldusid Jumala tahtest, karistati neid ja nad kannatasid ja neid tabasid katsumused.

Seega me teame, et Iisraeli kannatamised ei juhtunud põhjuseta. Kui Jeesuse ristilöömine oleks Jumala arvates õige olnud, miks pidi Jumal Iisraeli lakkamatu julma piina ajal kauaks ajaks jätma?

Jeesuse üleriided ja Ta särk ning Iisraeli tulevik

Teine juhtum, mis kuulutas ette Iisraeli tabavaid asju, leidis aset Jeesuse ristilöömise kohas. Nii nagu kirjutatakse Laulus 22:19: *„Nad jagavad mu rõivad eneste vahel ja heidavad liisku mu kuue pärast,"* Rooma sõdurid võtsid Jeesuse üleriided ja jagasid need neljaks, iga sõjamees sai omale osa, aga nad heitsid liisku Ta särgi saamiseks ja üks sõjameestest sai selle endale.

Kuidas on see sündmus seotud Iisraeli tulevikuga? Kuna Jeesus on juutide kuningas, sümboliseerivad Ta üleriided Jumala valitud Iisraeli riiki ja selle rahvast. Kui Jeesuse üleriided jagati neljaks ja riiete kuju kadus, tähistas see ette Iisraeli riigi hävingut. Aga kuna üleriiete riie jäi, rääkis see samuti ette, et isegi kui Iisraeli riik kaob, jääb „Iisraeli" nimi.

Mis tähendus on sellel, et Rooma sõjamehed võtsid Jeesuse üleriided ja jagasid need neljaks, nii et iga sõjamees sai oma? See sümboliseeris, et Rooma hävitab Iisraeli ja rahvas pillutatakse laiali. See prohvetlik ettekuulutus sai ka teoks Jeruusalemma langemise ja Iisraeli riigi hävitamisega, mis sundis juudid maailma eri kohtadesse põgenema.

Jeesuse särgist kirjutatakse Johannese 19:23: „*Särk oli aga õmblusteta, kootud ühes tükis.*" Fakt, et Ta särk oli „õmblusteta" tähistab, et selle riideeseme tegemiseks ei olnud riidetükid kihiti kokku õmmeldud.

Suurem osa inimestest ei mõtle suuremat oma riiete tegumoe peale. Miks siis on Jeesuse särgi tegumood Piiblisse üksikasjalikult kirja pandud? Selles sisaldub Iisraeli rahva jaoks eesseisvate sündmuste kohta käiv prohvetlik ettekuulutus.

Jeesuse särk sümboliseerib Iisraeli rahva südant, millega nad teenivad Jumalat. See, et särk oli „õmblusteta ja kootud ühes tükis" tähistab Iisraeli rahva südant Jumala suhtes, mis on kestnud esiisa Jaakobi ajast ja ei kõigu mingites oludes.

Aabrahami, Iisaki ja Jaakobi järgse kaheteistkümne suguharu ajal moodustus riik ja Iisraeli rahvas on hoidnud oma puhtust paganatega mitte abiellumise teel. Pärast põhjapoolse Iisraeli kuningriigi ja lõunapoolse Juuda kuningriigi lahknemist abiellusid põhjapoolse kuningriigi inimesed teistega, aga Juuda jäi homogeenseks rahvuseks. Ka tänapäeval säilitavad juudid oma identiteedi, mis pärineb usuisade ajast.

Seega, isegi kui Jeesuse üleriided rebiti neljaks, jäi Ta särk puutumata. See tähistab, et kui Iisraeli riik võib oma väljanägemise kaotada, ei kustu Iisraeli rahva süda Jumala suhtes ja ega nende usk Temasse.

Kuna nende süda on kindel, valis Jumal nad välja ja on nende kaudu teostanud oma plaani ja tahet tänase päevani. Isegi tuhandete aastate möödudes hoiab Iisraeli rahvas rangelt käsuseadusest kinni. Nad teevad seda, kuna nad pärisid Jaakobi muutumatu südame.

Selle tulemusena šokeeris Iisraeli rahvas 1900 aastat pärast oma maa kaotust maailma, kuulutades oma riigi iseseisvust ja taastades selle 14. mail 1948.

Ma võtan teid ära paganate seast ja kogun teid kõigist maadest ning toon teid teie oma maale (Hesekiel 36:24).

Ja te saate elada maal, mille ma olen andnud teie vanemaile; teie olete minu rahvas ja mina olen teie Jumal (Hesekiel 36:28).

Nii nagu Vanas Testamendis juba prohvetlikult ette kuulutati: *"Paljude päevade pärast kutsutakse sind, aastate möödudes,"* hakkas Iisraeli rahvas voorima Palestiinasse ja rajas uuesti oma riigi (Hesekiel 38:8). Pealegi kinnitas Iisrael maailma ühe võimsama maa moodustamisega taas ülejäänud maailmale oma parimaid riiklikke omadusi.

Jumal soovib, et Iisrael valmistuks Jeesuse naasmiseks

Jumal soovib, et uuesti taastatud Iisrael ootaks ja valmistuks Messiase tagasitulekuks. Jeesus tuli Iisraeli maale umbes 2000 aasta eest ja täitis täiesti inimkonna pääsemise ettehoolde ning sai nende Päästjaks ja Messiaseks. Kui Ta läks Taevasse, tõotas Ta naasta ja nüüd tahab Jumal, et Tema valitud ootaksid Messiase tagasitulekut tõelise usuga.

Kui Messias Jeesus Kristus naaseb, ei tule Ta viletsasse talli ega pea enam kannatama ristikaristust, nii nagu kahe tuhande aasta eest. Selle asemel ilmub Ta taevaste vägede ja inglite ülemana ja naaseb sellesse maailma kuningate Kuninga ja isandate Isandana Jumala aus, mida näeb kogu maailm.

Ennäe, Ta tuleb pilvedega ja iga silm saab Teda näha, ka need, kes Tema on läbi torganud, ning kõik maa suguharud halisevad Tema pärast. Jah, aamen (Johannese ilmutus 1:7).

Määratud ajal näevad kõik, nii usklikud kui uskmatud, Isandat õhus naasmas. Sel päeval tõstetakse kõik, kes usuvad, et Jeesus on kogu inimkonna Päästja, pilvedesse ja nad osalevad õhus pulmasöömajal, aga teised jäävad maha leinama. Nii nagu Jumal lõi esimese inimese Aadama ja hakkas inimkonda kasvatama, tuleb sellele ka lõpp. Nii nagu põllumees külvab seemet ja lõikab vilja, tuleb ka inimkonna kasvatamise lõikuseaeg. Jumala inimkonna kasvatamine lõpeb Messiase Jeesuse Kristuse teise tulekuga.

Johannese ilmutuses 22:7 ütleb Jeesus: „*Ja vaata, ma tulen peagi! Õnnis on see, kes hoiab alal selle raamatu ennustuse sõnu!*" Me elame lõpuajal. Jumal valgustab oma rahvast mõõtmatu armastuse tõttu, mida Ta on ajaloo jooksul Iisraeli vastu tundnud, et nad võtaksid Messiase vastu. Jumal soovib südamest, et mitte vaid Ta valitud Iisrael, vaid kogu inimkond võtaks Jeesuse Kristuse enne inimkonna kasvatamise lõppu vastu.

Heebrea Piibel, mida kristlased tunnevad kui Vana Testamenti

3. peatükk

Jumal, keda Iisrael usub

Seadus ja tavad

Kui Jumal viis oma valitud rahva, Iisraeli, Egiptusest välja ja tõotatud Kaananimaale, laskus Ta Siinai mäele. Siis kutsus Isand Jumal Moosese, väljarände juhi ja ütles talle, et preestrid peaksid Jumala lähedusse tulles end pühitsema. Lisaks andis Jumal Moosese kaudu inimestele kümme käsku ja palju muid seadusi.

Kui Mooses luges kõik Jehoova Jumala Sõnad ametlikult inimestele ette, vastasid nad ühest suust, öeldes: *„Me tahame teha iga Sõna järgi, mis Isand on rääkinud!"* (2. Moosese raamat 24:3). Aga kui Mooses oli Siinai mäel Jumala kutsumise kohaselt, lasid inimesed Aaronil teha vasika kuju ja tegid suurt ebajumalakummardamise pattu.

Kuidas võis siis nii juhtuda, et Jumala valitud rahvas tegi nii suurt pattu? Kõik inimesed, sõnakuulmatuse pattu teinud Aadamast peale, on Aadama järeltulijad ja sündisid patuloomusega. Ned tunnevad patu tegemise sundust enne oma südame ümberlõikamise kaudu pühitsetuks saamist. Sellepärast saatis Jumal oma ainsa Poja Jeesuse ja avas Jeesuse ristilöömise teel ukse, mille läbi inimkond võis kõik oma patud andeks saada.

Miks siis Jumala andis inimestele käsuseaduse? Kümmet käsku, mille Jumal neile Moosese kaudu andis, korraldusi ja käske tuntakse käsuseaduse nime all.

Jumal juhib käsu kaudu nad piima ja mett voolavale maale

Jumal andis Iisraeli rahvale Egiptusest väljarände ajal käsuseaduse sellel põhjusel ja eesmärgil, et neil oleks õnnistus, mille abil minna Kaananimaale, mis voolas piima ja mett. Inimesed said käsuseaduse otse Moosese käest, aga nad ei pidanud Jumala lepingut ja tegid palju pattu ning kummardasid ebajumalaid ja rikkusid abielu. Lõpuks suri suurem osa neist neljakümneaastase kõrbes viibimise aja jooksul oma pattudesse.

5. Moosese raamat pandi kirja Moosese viimaste sõnade kohaselt ja see käsitles süvendatult Jumala lepinguid ja käsuseadust. Kui suurem osa väljarände aegsest esimese sugupõlve rahvast suri, peale Joosua ja Kaalebi ja jõudis kätte Iisraeli rahvaga hüvastijätuaeg, õhutas Mooses südamest väljarände teist ja kolmandat sugupõlve Jumalat armastama ja Tema käsuseadusi pidama.

Ja nüüd, Iisrael, mida nõuab Isand, su Jumal, sinult muud, kui et sa kardaksid Isandat, oma Jumalat, käiksid kõigil Tema teedel ja armastaksid Teda, ja sa teeniksid Isandat, oma Jumalat, kõigest oma südamest ja kõigest oma hingest, et sa peaksid Isanda käske ja seadusi, mis ma täna sulle annan, et su käsi hästi käiks? (5. Moosese raamat 10:12-13).

Jumal andis neile käsuseaduse, sest Ta tahtis, et nad kuuletuksid sellele oma vabast tahtest ja et nad teeksid seda kogu südamest ja kinnitaksid oma armastust Jumala vastu oma sõnakuulelikkusega. Jumal ei andnud neile käsuseadust, et neid kuidagi piirata ega siduda, vaid Ta tahtis vastu võtta nende kuulekad südamed ja neid õnnistada.

Ja need Sõnad, mis ma täna sulle annan, jäägu su südamesse! Kinnita neid oma lastele kõvasti ja kõnele neist kojas istudes ja teed käies, magama heites ja üles tõustes! Seo need märgiks oma käe peale ja olgu need naastuks su silmade vahel! Kirjuta need oma koja piitjalgadele ja väravatele! (5. Moosese raamat 6:6-9).

Nende salmide kaudu ütles Jumal neile, kuidas südames käsuseadust kanda, seda õpetada ja kasutada. Ajastute jooksul õpitakse pähe Jumala viide Moosese raamatusse kirja pandud käsuseadused ja peetakse neid, kuid keskendutakse käsuseaduse pidamise välispidisele väljendusele.

Vanemate pärimused ja tavad

Näiteks, seadus käskis, et hingamispäeva tuli pühaks pidada ja vanemad seadsid sisse palju üksikasjalikke pärimusi, mis võisid areneda edasi käsu pidamiseks, näiteks mis keelasid automaatseid uksi, lifte ja eskalaatoreid kasutada ning ärikirju, passe ja muid pakke avada. Millest said alguse vanemate pärimused?

Kui Jumala Tempel hävitati ja Iisraeli rahvas viidi Babüloonia vangipõlve, juhtus see nende arvates seetõttu, et nad ei olnud Jumalat kogu südamest teeninud. Nad pidid Jumalat õigemini teenima ja seadust rakendama olukordades, mis muutusid aja jooksul, seega nad tegid palju rangeid korraldusi.

Need korraldused kehtestati selleks, et Jumalat kogu südamest teenida. Teiste sõnadega, nad seadsid sisse palju rangeid korraldusi, mis käsitlesid üksikasjalikult iga eluvaldkonda, et nad võiksid oma igapäevaelus käsuseadust pidada.

Vahel etendasid ranged korraldused käsuseaduse kaitsemise osa. Aga aja möödudes minetasid nad käsuseaduses sisalduva tõelise tähenduse ja osutasid välisele seadusetäitmisele suuremat tähendust. Sedamoodi kaldusid nad tõelisest käsuseaduse tähendusest kõrvale.

Jumal näeb iga käsust kinnipidaja südant ja võtab selle vastu ja ei pea nii tähtsaks käsupidamise väljendumist tegudes. Seega, Ta seadis käsuseaduse sisse, et otsida neid, kes Teda tõesti austavad ja õnnistada neid, kes Talle kuuletuvad. Kuigi paljud Vana Testamendi aja inimesed näisid käsuseadusest kinni pidavat, oli samas ka paljusid, kes sellest kinni ei pidanud.

„Kes ometi oleks teie hulgast, kes suleks uksed, et

te ei saaks ilmaaegu süüdata tuld minu altaril? Mul ei ole teist hea meel, ütleb vägede Isand, ja roaohver teie käest ei meeldi mulle" (Malaki 1:10).

Kui käsuõpetajad ja vanemad laimasid Jeesust ja taunisid Ta jüngreid, ei toimunud see, kuna Jeesus ja Ta jüngrid oleksid käsuseadusele mitte kuuletunud, vaid kuna nad rikkusid vanemate kombetalitust. Seda kirjeldatakse hästi Matteuse evangeeliumis.

Miks Sinu jüngrid astuvad üle esivanemate pärimusest? Nad ei pese oma käsi, kui nad hakkavad leiba võtma (Matteuse 15:2).

Sel ajal selgitas Jeesus neile, et nad ei rikkunud Jumala käske, vaid vanemate pärimusi. Muidugi on tähtis väliselt käsuseadust tegudes täita, aga palju tähtsam on aru saada käsuseaduses sisalduvast Jumala tõelisest tahtest.

Aga Tema vastas neile:

Miks teie ise astute üle Jumala käsust oma pärimuse pärast? Jumal ütleb ju: Austa isa ja ema, ja kes isa või ema sajatab, peab surma surema. Teie aga lausute: Kui keegi ütleb isale või emale: „Olen selle pühendanud templile ohvrianniks, mis sina pidid minu käest saama", siis ta ei pea enam oma vanemat austama. Teie olete muutnud Jumala Sõna tühjaks oma pärimusega (Matteuse 15:3-6).

Järgmistes salmides lisab Jeesus:

> *Te silmakirjatsejad, õigesti on teie kohta ennustanud Jesaja: See rahvas austab mind huultega, nende süda on aga minust kaugel. Ilmaaegu õpetavad nad mind, õpetades õpetusena inimeste käskimisi* (Matteuse 15:7-9).

Ja kui Jeesus oli rahvahulga enda juurde kutsunud, ütles Ta neile:

> *Kuulge ja mõistke! Inimest ei rüveta see, mis ta suust sisse läheb, vaid see, mis suust välja tuleb, rüvetab inimest* (Matteuse 15:10-11).

Jumala lapsed peaksid Kümnesse käsku kirjutatu kohaselt oma vanemaid austama. Aga variserid õpetasid inimestele, et lapsed, kes peaksid oma varandusega vanemaid teenima ja austama, võivad sellest kohusest vabaneda kui nad kuulutavad, et nende vara antakse Jumalale. Nad tegid nii palju korraldusi, mis käsitlesid üksikasjalikult iga elu külge nii väikeste detailideni, et paganad ei julgenud isegi enam kõiki neid vanemate pärimusi rangelt pidada, nad mõtlesid, et nende elu läks niigi väga hästi, kuna nad olid Jumala väljavalitud.

Jumal, keda Iisrael usub

Kui Jeesus tervendas haige hingamispäeval, taunisid variserid

Jeesust hingamispäeva rikkumise pärast. Ühel päeval läks Jeesus sünagoogi ja jälgis kuivetunud käega meest, kes seisis variseride ees. Jeesus kavatses neid äratada ja küsitles neid, öeldes neile:

Kas hingamispäeval tohib teha head või halba, hinge päästa või tappa? (Markuse 3:4)

Kes on teie seast inimene, kellel on üksainus lammas ja kui see kukub auku hingamispäeval, et ta ei haara temast kini ega tõmba teda välja? Kui palju tähtsam lambast on nüüd inimene! Tähendab, hingamispäeval tohib teha head (Matteuse 12:11-12).

Kuna variserid olid varem täis vanemate pärimuse ja egoistlike mõtete ja eluviiside raames moodustunud käsuseadust, ei saanud nad üksnes aru käsuseaduses peituvast Jumala tõelisest tahtest, vaid nad ei tundnud ära ka Jeesust, kes tuli Päästjana maa peale.

Jeesus näitas neile sageli nende eksimusi ja õhutas neid meelt parandama ja oma valetegudest pöörduma. Ta noomis neid, kuna nad olid jätnud unarusse Jumala tõelise eesmärgi Temalt saadud käsuseaduse jaoks ja muutunud ning hakanud kinni pidama käsutäitmise välispidistest tegudest.

Häda teile, kirjatundjad ja variserid, te silmakirjatsejad, et te maksate kümnist mündist ja tillist ja köömnest ning jätate kõrvale kaalukama osa

Seadusest – õigluse ja halastuse ja ustavuse! Üht tuleb teha, kuid teist ei tohi jätta kõrvale! (Matteuse 23:23).

Häda teile, kirjatundjad ja variserid, te silmakirjatsejad, sest te puhastate karika ja liua väljastpoolt, aga seest on need täis riisumist ja aplust! (Matteuse 23:25).

Iisraeli rahvas, kes oli Rooma impeeriumi valitsuse alune, kujutas ette, et Messias tuleb neile järele suure väe ja auga ja Messias suudab nad vabastada rõhujate küüsist ja valitseda kõigist rassidest kõikide rahvaste üle.

Vahepeal sündis puussepast mees, ta oli hüljatute, haigete ja patuste seltsis; Ta kutsus Jumalat „Isaks" ja tunnistas, et *Ta oli maailma valgus*. Kui ta manitses neid pattude tõttu, torkisid Tema Sõnad ja lõikasid läbi käsuseaduse oma standardi kohaselt pidanud ja end õigeks kuulutanud inimeste südame ja nad lõid Ta põhjuseta risti.

Jumal tahab, et meil oleks armastus ja andestus

Variserid on judaismi korraldustest rangelt kinni pidanud ja pidanud pikki kombeid ja pärimusi täis aastaid sama väärtuslikuks kui oma elu. Nad kohtlesid maksukogujaid, kes tegid Rooma impeeriumi heaks tööd, patustena ja vältisid neid.

Matteuse 9:10 ja edasi on kirjas, et Jeesus istus Matteuse nimelise maksukoguja lauas ja paljud maksukogujad ja patused einestasid Jeesuse ja Ta jüngritega. Kui variserid nägid seda, ütlesid nad Ta jüngritele: „Miks teie õpetaja sööb koos tölnerite ja patustega?" Kui Jeesus kuulis, kuidas nad Ta jüngreid hukka mõistsid, selgitas Ta neile Jumala südant. Jumala lõpmatu armastus ja halastus on igaühele, kes parandab kogu südamest meelt oma pattudest ja pöördub neist.

Matteuse 9:12-13 on edasi kirjas: „*Aga seda kuuldes vastas Jeesus: „Ei vaja arsti terved, vaid haiged. Aga minge ja õppige, mis see on: Ma ei taha ohvrit, vaid halastust! Jah, ma ei ole tulnud kutsuma õigeid, vaid patuseid!*"

Kui Niinive rahva kurjus jõudis Taevani, kavatses Jumal Niinive linna hävitada. Kuid enne selle tegemist saatis Ta oma prohvet Joona, et rahvas võiks patust meelt parandada. Inimesed paastusid ja parandasid põhjalikult patust meelt ja Jumal loobus nende hävitamise otsusest. Aga variserid arvasid, et igaüks, kes käsuseadust rikub, on vaieldamatult kohtualune. Käsuseaduse tähtsaim osa on lõpmatu armastus ja andestus, aga variserid arvasid, et kellegi hukkamõistmine on õigem ja väärtuslikum kui talle armastuses andestamine.

Samuti, kui me ei mõista meile käsu andnud Jumala südant, oleme me sunnitud kõike oma mõtete ja teooriate baasilt hindama ja need hinnangud on valed ja Jumala vastased.

Tõeline põhjus, miks Jumal andis käsuseaduse

Jumal lõi taevad ja maa ja tegi inimese oma südame sarnaste tõeliste laste saamiseks. Jumal ütles seetõttu oma rahvale, et nad „*oleksid pühad, sest Tema on püha*" (3. Moosese raamat 11:44). Ta peab meid jumalakartlikeks mitte vaid siis kui me oleme välimuse poolest jumalikud, vaid saame veatuks südames olevast kurjast vabanemise teel.

Jeesuse ajal oli variseridel ja kirjatarkadel palju suurem huvi ohvriandide ja käsutäitmise tegude vastu kui oma südame pühitsemise vastu. Jumalal on parem meel murtud ja purukslöödud südamest kui ohvrist (Laul 51:18-19), seega Ta andis meile käsuseaduse, et me saaksime pattudest meelt parandada ja neist käsuseaduse kaudu pöörduda.

Jumala tõeline tahe, mis sisaldub Vana Testamendi käsuseaduses

Sellest ei järeldu, et Iisraeli rahva käsupidamise tegudes ei oleks üldsegi sisaldunud nende armastus Jumala vastu. Aga Jumal tahtis, et nad pühitseksid oma südame ja Ta sõitles neid tõsiselt prohvet Jesaja kaudu.

"Milleks mulle teie tapaohvrite hulk? ütleb Isand. Ma olen küllastunud teie põletusohvrite jääradest ja nuumveiste rasvast. Härjavärsside, tallede ja sikkude veri ei meeldi mulle. Kui te tulete vaatama mu palet, kes nõuab siis teilt mu õuede tallamist? Ärge tooge enam tühiseid ande, ohvrisuits on mulle vastumeelt. Noorkuu ja hingamispäev, koguduse kokkukutsumine – ma ei salli nurjatust ja pühapidamist ühtaegu" (Jesaja 1:11-13).

Käsupidamise tõeline tähendus ei seisne välises tegevuses, vaid sisemises südamesoovis. Seega, Jumalal ei olnud head meelt paljudest Talle vaid harjumuspäraselt ja pealiskaudselt pühasse paika sisenedes toodud ohvritest. Hoolimata sellest, kui palju ohvreid käsuseaduse kohaselt toodi, Jumalal ei olnud neist head meelt, kuna toojate süda ei olnud Jumala tahtega kooskõlas.

Meie palvetega on sama lugu. Palvete puhul ei ole tähtis vaid palvetamise tegevus, vaid südamehoiak on palju tähtsam. Laulukirjutaja ütleb Laulus 66:18: *"Kui oleksin näinud oma südames nurjatust, ei oleks Isand mind kuulnud."*

Jumal lasi inimestel Jeesuse kaudu teada, et Tal ei ole head meelt silmakirjalikest või teesklevatest palvetest, vaid ainult siirastest, südamest tulevatest palvetest.

Ja kui te palvetate, siis ärge olge nagu silmakirjatsejad, sest nemad armastavad palvetada sünagoogides ja tänavanurkadel, et olla inimestele nähtavad! Tõesti, ma ütlen teile, neil on oma palk käes! Aga sina, kui sa palvetad, siis mine oma kambrisse ja lukusta uks, palveta oma Isa poole, kes on varjatud, ja su Isa, kes näeb varjatutki, tasub sulle! (Matteuse 6:5-6).

Sama juhtub, kui me pattudest meelt parandame. Kui me parandame pattudest meelt, ei taha Jumal, et me oma riided rebiksime ja tuhas halaksime, vaid et me käristaksime lõhki oma südame ja parandaksime pattudest südamest meelt. Meeleparanduse tegu ei ole ise tähtis ja kui me südamest pattudest meelt parandame ja neist pöördume, võtab Jumal niisuguse meeleparanduse vastu.

Aga veel nüüdki ütleb Isand: Pöörduge minu poole kõigest südamest, paastudes, nuttes ja kurtes! Käristage lõhki oma süda, aga mitte oma riided, ja pöörduge Isanda, oma Jumala poole, sest Tema on armuline ja halastaja, pika meelega ja rikas heldusest, ja Tema kahetseb kurja! (Joel 2:12-13).

Teiste sõnadega, Jumal tahab võtta vastu käsuseaduse pidamise tegevuse asemel hoopis käsuseaduse pidaja südant. Seda kirjeldatakse Piiblis kui „südame ümberlõikust." Me võime ümber lõigata ihu, lõigates ära eesnaha liha, aga samal ajal võib meie südame eesnahk saada ümber lõigatud südamelõikuse kaudu.

Südame ümberlõikus, mida Jumal soovib

Mida südame ümberlõikus üksikasjalikult tähendab? See tähendab „igasuguse kurja ja patu, kaasa arvatud kadeduse, armukadeduse, keevalisuse, vimma, abielurikkumise, vääruse, petmise, kohtumõistmise ja hukkamõistmise äralõikamist ja eemaleheitmist." Kui te lõikate oma südamest patu ja kurja ja peate käsuseadusest kinni, võtab Jumal seda täieliku kuulekusena.

Laske endid ümber lõigata Isandale ja kõrvaldage oma südame eesnahad, Juuda mehed ja Jeruusalemma elanikud, et mu viha ei süttiks nagu tuli ega põleks teie tegude kurjuse pärast, ilma et keegi kustutaks (Jeremija 4:4).

Lõigake siis ümber oma südame eesnahk ja ärge enam tehke oma kaela kangeks (5. Moosese raamat 10:16).

Egiptus, Juuda, Edom, ammonlased, Moab ja kõik need põetudoimulised, kes elavad kõrbes; sest kõik paganad on ümberlõikamata ja kogu Iisraeli sugu on ümberlõikamata südamega (Jeremija 9:25).

Ja Isand, su Jumal, lõikab ümber sinu südame ja sinu järglaste südamed, et sa armastaksid Isandat, oma Jumalat, kõigest oma südamest ja kõigest oma hingest, et sa võiksid elada (5. Moosese raamat 30:6).

Seega, Vanas Testamendis õhutatakse meid sageli südant ümber lõikama, sest ainult südame poolest ümberlõigatud suudavad Jumalat kogu südamest ja hingest armastada. Jumal tahab, et Ta lapsed oleksid pühad ja täiuslikud. 1. Moosese raamatus 17:1 ütles Jumal Aabrahamile, et ta oleks „laitmatu" ja 3. Moosese raamatus 19:2 käskis Ta Iisraeli rahval „olla püha."

Johannese 10:35 öeldakse: „Kui see nimetab Jumalaks neid, kelle kohta Jumala Sõna käis – ja Pühakirja ei saa teha tühjaks" ja 2. Peetruse 1:4 öeldakse: *„Sel viisil on meile kingitud kõige kallimad ja suuremad tõotused, et te nende kaudu võiksite põgeneda kaduvusest, mis valitseb maailmas himude tõttu, ja saada jumaliku loomuse osaliseks."*

Vana Testamendi ajal pääsesid inimesed käsupidamise tegude kaudu, aga Uue Testamendi ajal võime me pääseda usu läbi Jeesusesse Kristusesse, kes täitis käsuseaduse armastusega.

Vana Testamendi aja tegude läbi pääsemine oli võimalik kui inimestel olid patused soovid tappa, vihata, abielu rikkuda ja valetada, aga nad ei teostanud neid soove. Vana Testamendi ajal ei olnud inimestes Püha Vaimu ja nad ei saanud patustest ihadest oma jõuga vabaks. Seega kui nad ei teinud väliselt pattu, ei peetud neid patusteks.

Aga Uue Testamendi ajal pääseme me vaid siis kui me

lõikame oma südame usu kaudu ümber. Püha Vaim annab meile teada patu, õigsuse ja kohtu kohta ja aitab meil Jumala Sõna alusel elada, seega me võime eemale heita igasuguse vääruse ja patuloomuse ning oma südame ümber lõigata.

Pääsemine usu läbi Jeesusesse Kristusesse ei toimu lihtsalt siis kui inimene teab ja usub, et Jeesus Kristus on Päästja. Ainult siis kui me vabaneme kurjast oma südames, kuna me armastame Jumalat ja käime usu läbi Tões, peab Jumal toda tõeliseks usuks ja viib meid mitte üksnes täiele pääsemisele, vaid ka hämmastavate palvevastuste ja õnnistuste teele.

Kuidas olla Jumalale meeltmööda

On loomulik, et jumalalaps ei tohiks oma tegudes pattu teha. Samamoodi on loomulik, et ta vabaneb oma südames väärusest ja patustest ihadest ja sarnaneb Jumala pühadusele. Kui te ei tee oma tegudega pattu, aga teie sees on patused ihad, mis Jumalale ei meeldi, ei saa Jumal teid õigeks pidada.

Sellepärast kirjutatakse Matteuse 5:27-28: *„Te olete kuulnud, et on öeldud: Sa ei tohi abielu rikkuda! Aga mina ütlen teile: Igaüks, kes naise peale vaatab teda himustades, on oma südames temaga juba abielu rikkunud.“*

Ja 1. Johannese 3:15 on kirjas: *„Igaüks, kes vihkab oma venda, on mõrvar, ja te teate, et ühelgi mõrvaril ei ole igavest elu, mis temasse jääks.“* Selles salmis õhutatakse meid südames olevast vihkamisest vabaks saama.

Kuidas te peaksite Jumala meelepärase tahte kohaselt tegutsema oma vaenlastega, kes teid vihkavad?

Vana Testamendi käsuseaduses öeldakse: „Silm silma vastu, hammas hamba vastu." Teiste sõnadega, käsuseaduses öeldakse: „*Missuguse vea ta tegi teisele, niisugune tehtagu temale!*" (3. Moosese raamat 24:20). Ranged korraldused anti selleks, et takistada teiste vigastamist või neile kahju tegemist. Jumal teab, et inimkonna üks liige püüab teisele oma kurjuses teha rohkem kurja kui talle tehti. Kuningas Taavetit kiideti, kuna ta oli mees Jumala südame järele. Kui kuningas Saul püüdis teda tappa, ei tasunud Taavet kuningas Sauli paljude kurjade tegude eest talle kurjaga, aga kohtles teda viimase hetkeni hästi. Taavet nägi seaduses peituvat tõelist tähendust ja elas vaid Jumala Sõna alusel.

Ära tasu kätte ja ära pea viha oma rahva laste vastu, vaid armasta oma ligimest nagu iseennast! Mina olen Isand! (3. Moosese raamat 19:18).

Ära tunne rõõmu oma vihamehe langusest ja ärgu hõisaku su süda, kui ta komistab (Õpetussõnad 24:17).

Kui su vihamehel on nälg, anna temale leiba süüa, ja kui tal on janu, anna temale vett juua (Õpetussõnad 25:21).

Te olete kuulnud, et on öeldud: Armasta oma ligimest ja vihka oma vaenlast! Aga mina ütlen teile:

Armastage oma vaenlasi ja palvetage nende eest, kes teid taga kiusavad (Matteuse 5:43-44).

Ülaltoodud salmide alusel, kui te näite käsku pidavat, aga ei anna andeks teile probleeme tekitanud inimesele, ei ole Jumalal teist head meelt. See on nii, kuna Jumal käskis meil armastada oma vaenlasi. Kui te peate käsust kinni ja teete seda niisuguse südamega, millist Jumal teis näha tahab, võib teid pidada täielikult Jumala Sõnale kuuletuvaks inimeseks.

Käsuseadus, Jumala armastuse märk

Armastuse Jumal tahab anda meile lõpmatult õnnistusi, aga kuna Ta on õigluse Jumal, ei ole Tal muud valikut kui anda meid kuradi kätesse kui me patustame. Sellepärast on mõned Jumalasse uskujad haiged ja nendega juhtuvad avariid ja õnnetused kui nad ei ela Jumala Sõna kohaselt.

Jumal on andnud meile palju tõotusi, millega Ta oma armastuses soovib meid nende katsumuste ja valu eest hoida. Kui palju juhiseid annavad vanemad oma lastele, et neid haiguste ja õnnetuste eest kaitsta?

„Pese käed kui väljast sisse tuled."
„Pese pärast söömist oma hambad."
„Enne tänava ületamist vaata vasakule ja paremale."

Samamoodi käskis Jumal oma armastuses meid pidada Tema

käskusid ja seadusi, et meie käsi hästi käiks (5. Moosese raamat 10:13). Jumala Sõnast kinni pidamine ja selle ellu rakendamine on nagu lamp meie eluteel. Hoolimata sellest kui pime ka poleks, me võime lambiga käia turvaliselt mööda teed ja sihtkohta jõuda ning samamoodi, kui Jumal, kes on valgus, on meiega, võime me olla kaitstud ja kogeda jumalalaste privileege ja õnnistust.

Kui hea meel on Jumalal, kui Ta kaitseb oma lõõmavate silmadega oma lapsi, kes kuuletuvad Ta Sõnale ja annab neile, mida iganes nad Temalt ka ei paluks! Selle kohaselt võivad lapsed muuta oma südame puhtaks ja heaks ja Jumalale sarnaneda sel määral, mil määral nad peavad Jumala Sõnast kinni ja kuuletuvad sellele ja tunda Jumala armastuse sügavust ning armastada Teda veelgi enam.

Seega, Jumala antud käsuseadus on nagu armastuse õpik, kus tuuakse ära parimate õnnistuste saamise juhend meie – Jumala maapealsete kasvandike – jaoks. Jumala käsuseadus ei too meile koormaid, vaid kaitseb meid igasuguste õnnetuste eest selles maailmas, mille üle vaenlane kurat ja saatan valitsevad ja see juhatab meid õnnistuse teele.

Jeesus täitis käsuseaduse armastusega

5. Moosese raamatus 19:19-21 on kirjas, et Vana Testamendi ajal kui inimesed tegid pattu oma silmadega, tulid nende silmad välja torgata. Kui nad tegid käte või jalgadega pattu, siis lõigati nende käed ja jalad otsast ära. Kui nad mõrvasid ja rikkusid

abielu, tulid nad kividega surnuks visata.

Vaimumaailma seaduses öeldakse, et patu palk on surm. Sellepärast karistas Jumal tõsiselt neid inimesi, kes tegid andeksandmatuid pattusid ja seega Ta tahtis hoiatada paljusid teisi, et nad ei teeks samasid patte.

Aga armastuse Jumalal ei olnud hea meel usust, millega nad hoidsid kinni käsuseadusest ja ütlesid: „Silm silma, hammas hamba vastu." Selle asemel toonitas Ta Vanas Testamendis korduvalt, et nad peaksid oma südame ümber lõikama. Ta ei tahtnud, et Ta rahvas tunneks vaeva käsuseaduse tõttu, seega Ta saatis määratud ajal maa peale Jeesuse ja lasi Tal võtta enese peale kõik inimkonna patud ja täita käsuseadus armastusega.

Jeesuse ristilöömiseta tuleks meie käed ja jalad otsast lõigata kui me nendega patustaksime. Aga Jeesus läks ristile ja valas oma kalli vere, Ta lasi end kätt- ja jalgupidi ristile naelutada, et pesta ära meie patud, mis me oma käte ja jalgadega tegime. Nüüd me ei pea Jumala suure armastuse tõttu oma käsi ja jalgu enam otsast ära lõikama.

Jeesus, kes on armastuse Jumalaga üks, tuli maa peale ja täitis käsuseaduse armastusega. Jeesus elas eeskujulikku elu ja pidas kogu Jumala käsuseadust.

Aga isegi kui Ta pidas kogu seadusest kinni, Ta ei mõistnud hukka neid, kellel seda teha ei õnnestunud ja Ta ei öelnud neile: „Te rikkusite seadust ja olete surma teel." Selle asemel õpetas Ta inimestele päeval ja ööl Tõde, et kasvõi üks hing võiks veel meelt parandada ja päästetud saada ja Ta töötas lakkamatult ja tegi inimesi terveks ja vabastas neid, kes olid haiguste ja tõbede küüsis ning deemonitest seestunud.

Jeesuse armastust näitas erakordselt see, kui kirjatundjad ja variserid tõid abielurikkumiselt tabatud naise Jeesuse ette. Johannese evangeeliumi 8. peatükis tõid kirjatundjad ja variserid naise Jeesuse juurde ja küsisid Temalt: *„Mooses on Seaduses käskinud niisugused kividega surnuks visata. Mida nüüd Sina ütled?"* (5. salm) Siis Jeesus ütles neile vastuseks: *„Kes teie seast ei ole pattu teinud, visaku teda esimesena kiviga!"* (7. salm).

Kui Ta küsis nende käest toda, kavatses Ta neid äratada, et nad ei näeks üksnes naist, vaid ka seda, et sellal kui nad ise süüdistasid naist abielurikkumises ja otsisid Jeesuse süüdistamiseks põhjust, olid nad ise Jumala ees samasugused patused ning et keegi ei julgeks kaasinimest hukka mõista. Kui inimesed seda kuulsid, tundsid nad oma südametunnistust end süüdistamas ja nad läksid ühekaupa minema, vanimast kõige nooremani. Ja alles jäi üksnes Jeesus ja keskel seisev naine.

Jeesus nägi vaid naist ja küsis: *„Naine, kus nad on? Kas keegi ei ole sind surma mõistnud?"* (10. salm) Tema ütles: *„Ei keegi, Isand!"* Aga Jeesus ütles: *„Ei minagi mõista sind surma. Mine, ja nüüdsest peale ära enam tee pattu!"* (11. salm).

Kui naist sinna toodi ja ta andeksandmatu patt sai ilmsiks, oli ta suure hirmu tõttu rusutud. Seega, kui Jeesus talle andestas, kujutage ette kui palju ta võis sügavast meeleliigutusest ja tänust nutta! Mil iganes talle meenus andestus ja Jeesuse armastus, ei julgenud ta enam käsuseadust rikkuda ega pattu teha. See juhtus, kuna ta kohtus Jeesusega, kes täitis käsuseaduse armastusega.

Jeesus täitis käsuseaduse armastusega mitte vaid selle naise, vaid kõigi inimeste jaoks. Ta ei säästnud oma elu ja andis selle ristil meie – patuste eest, uppuvaid lapsi päästma minevate vanemate laadse oma elu salgava südamega.

Jeesus oli veatu ja laitmatu ja ainusündinud Jumala Poeg, aga Ta talus kirjeldamatut valu, valas oma vere ja vee ja andis oma elu ristil meie – patuste eest. Tema ristiöömine oli kogu inimkonna ajaloo kõige suurema armastuse näitamise liigutavaim hetk.

Kui Ta armastuse vägi tuleb meie üle, saame me jõu täie käsuseaduse pidamiseks ja suudame Jeesuse moodi käsuseadust armastusega täita.

Kui Jeesus ei oleks käsuseadust armastusega täitnud, vaid oleks selle asemel kohut mõistnud ja igaüht vaid seaduse alusel hukka mõistnud ja oma silmad patustelt ära pööranud, kui paljud saaksid selles maailmas päästetud? Nii nagu Piiblis on kirjutatud: *„Ei ole õiget, ei ühtainsatki"* (Roomlastele 3:10), siis ei oleks keegi pääsenud.

Seega, jumalalapsed, kes on Jumala suure armastuse tõttu oma patud andeks saanud, ei peaks Teda üksnes Ta käsuseadust alandlikuma südamega pidades armastama, vaid armastama ka oma ligimesi kui iseendid, neid teenima ja neile andeks andma.

Need, kes mõistavad kohut ja taunivad teisi käsuseaduse alusel

Jeesus täitis käsuseaduse armastusega ja sai kogu inimsoo Päästjaks, aga mida tegid variserid, kirjatundjad ja käsuõpetajad? Nad käisid peale, et käsuseadusest peetaks kinni tegudes, selle asemel, et Jumala tahte kohaselt oma süda pühitseda, aga nad arvasid, et nad ise pidasid käsuseadusest täielikult kinni. Lisaks, nad ei andestanud nendele, kes käsuseadust ei pidanud, vaid mõistsid nende üle kohut ja taunisid neid.

Aga meie Jumal ei taha kunagi, et me teiste üle kohut mõistaksime ja neid halastuse ja armastuseta tauniksime. Samuti ei taha Ta, et me näeksime vaeva käsuseadusest kinni pidamisega, kogemata seejuures Jumala armastust. Kui me peame käsuseadusest kinni, aga ei mõista Jumala südant ja ei suuda käsku armastusega pidada, pole meil sellest mingit kasu.

Ja kui mul oleks prohvetianne ja ma teaksin kõiki saladusi ja ma tunnetaksin kõike ja kui mul oleks kogu usk, nii et ma võiksin mägesid teisale tõsta, aga mul ei oleks armastust, siis poleks minust ühtigi. Ja kui ma kõik oma vara ära jagaksin ja kui ma oma ihu annaksin põletada, aga mul ei oleks armastust, siis ma ei saavutaks midagi (1. Korintlastele 13:2-3).

Jumal on armastus ja Ta rõõmustab ja õnnistab meid kui me

armastuses käime. Jeesuse eluajal ei olnud variseride südames armastust kui nad käsuseadusest tegudes kinni pidasid ja sellest ei olnud neile midagi kasu. Nad mõistsid teiste üle kohut ja taunisid neid käsuseaduse tundmisega ja see pani inimesed Jumalast eemal olema ja Jumala Poega risti lööma.

Kui te mõistate käsuseaduses sisalduvat Jumala tõelist tahet

Ka Vana Testamendi ajal olid suured usuisad, kes mõistsid käsuseaduses olevat Jumala tõelist tahet. Usuisad, kaasa arvatud Aabraham, Joosep, Mooses, Taavet ja Eelija ei pidanud üksnes käsuseadusest kinni, vaid nad püüdsid anda ka endist parimat, et oma südame usina ümberlõikuse kaudu Jumala tõelisteks lasteks saada.

Aga kui Jumal saatis Jeesuse Messiaseks, et juudid saaksid aru Aabrahami, Iisaki ja Jaakobi Jumalast, ei tundnud nad Teda ära. See juhtus nii, kuna vanemate pärimused ja käsuseadusest kinnipidamise teod olid nad pimestanud.

Jeesus tegi vaid Jumala väega võimalikke hämmastavaid imesid ja imelisi tunnustähti, mis andsid tunnistust, et Ta oli Jumala Poeg. Aga juudid ei tundnud Jeesust ära ja ei pidanud Teda Messiaseks.

Aga hea südamega juutide puhul oli see erinev. Kui nad kuulasid Jeesuse sõnumeid, nad uskusid Teda ja kui nad nägid Jeesuse tehtud imelisi tunnustähti, nad uskusid, et Jumal oli

Temaga. Johannese evangeeliumi 3. peatükis tuli Nikodeemuse nimeline variser ühel ööl Jeesuse juurde ja ütles Talle järgmist.

> *Rabi, me teame, et Sa oled Jumala juurest tulnud Õpetaja, sest keegi ei suudaks teha neid tunnustähti, mida Sina teed, kui temaga ei oleks Jumal* (Johannese 3:2).

Armastuse Jumal ootab Iisraeli naasmist

Miks siis suurem osa juutidest ei tundnud ära maa peale Päästjaks tulnud Jeesust? Nad olid oma mõtetes moodustanud käsuseaduse raamid, uskudes, et nad armastasid ja teenisid Jumalat ja ei soovinud võtta vastu asju, mis nende raamidest erinesid.

Paulus uskus enne Isanda Jeesusega kohtumist kindlalt, et käsuseaduse ja vanemate pärimuste täielik täitmine tähendas Jumala armastamist ja teenimist. Sellepärast ei võtnud ta Jeesust oma Päästjaks vastu, vaid kiusas selle asemel hoopis Teda ja Temasse uskujaid taga. Pärast Damaskuse teel ülestõusnud Isanda Jeesusega kohtumist purunesid tema raamid täielikult ja temast sai ta Isanda, Jeesuse Kristuse apostel. Sellest ajast peale oleks ta andnud Isanda eest isegi oma elu.

See käsuseadusest kinnipidamise soov on juutide sisimas olemuses ja on Jumala väljavalitud Iisraeli rahva tugevus. Seega, niipea kui nad saavad aru käsuseaduses olevast Jumala tõelisest tahtest, suudavad nad Jumalat armastada rohkem kui mingist muust rahvast või rassist pärit inimesed ja olla kogu oma eluga Jumalale ustavad.

Kui Jumal viis Iisraeli rahva Egiptusest välja, andis Ta neile Moosese kaudu kõik käsuseadused ja käsud ja ütles neile, mida Ta tegelikult neid tegemas näha tahtis. Ta lubas neile, et kui nad armastavad Jumalat, lõikavad oma südamed ümber ja elavad Tema tahte kohaselt, on Ta nendega ja õnnistab neid hämmastavalt.

Ja sa pöördud tagasi Isanda, oma Jumala juurde ja kuulad Tema häält kõiges, nõnda nagu ma täna sind käsin, sina ja su lapsed, kõigest oma südamest ja kõigest oma hingest, siis pöörab Isand, su Jumal, su saatuse ja halastab su peale ning kogub sind taas kõigi rahvast hulgast, kuhu Isand, su Jumal, sind on pillutanud. Isegi kui sa hajutatud oleksid taeva servas, kogub Isand, su Jumal, sind sealt ja toob sind sealt ära. Ja Isand, su Jumal, toob sind sellele maale, mille su vanemad pärisid, ja sina pärid selle, ja Ta teeb sulle head ning sigitab sind rohkem kui su vanemaid. Ja Isand, su Jumal, lõikab ümber sinu südame ja sinu järglaste südamed, et sa armastaksid Isandat, oma Jumalat, kõigest oma südamest ja kõigest oma hingest, et sa võiksid elada. Ja Isand, su Jumal, paneb kõik need needused su vaenlaste peale, su vihameeste peale, kes sind taga kiusavad. Sina aga kuulad jälle

Isanda häält ja teed kõigi Tema käskude järgi, mis ma täna sulle annan (5. Moosese raamat 30:2-8).

Nii nagu Jumal lubas nendes salmides oma valitud rahvale Iisraelile, kogus Ta oma rahva, kes oli üle kogu maailma laiali pillutatud ja lasi neil oma maa paarituhande aasta pärast tagasi saada ja seadis nad kõrgele üle kõigist maailma rahvastest. Sellest hoolimata, ei ole Iisrael ära tundnud Jumala suurt armastust ristilöömise läbi ja Tema hämmastavat ettehoolet inimkonna loomisel ja kasvatamisel, aga järgib ikka veel käsuseadusest kinnipidamise tegusid ja vanemate pärimusi.

Armastuse Jumal soovib südamest ja ootab, et nad jätaksid oma vildaka usu ning muutuksid ja saaksid nii kiiresti kui võimalik, tõelisteks lasteks. Esiteks peavad nad avama oma südame ja võtma vastu Jeesuse, kelle Jumal saatis kogu inimsoo Päästjaks ja saama oma patud andeks. Siis peavad nad aru saama käsuseaduse kaudu antud Jumala tõelisest tahtest ja omandama täie pääsemise jaoks tõelise usu, Jumala Sõnast oma südame ümberlõikusega hoolikalt kinni pidades.

Ma palun südamest, et Iisraeli rahvas võiks taastada Jumala kadumaläinud kuju Jumalale meelepärase usu kaudu ja saada Tema tõelisteks lasteks, et nende elus võiksid olla kõik Jumala lubatud õnnistused ja nad saaksid elada igaveses taevases aus.

Kaljukuppel, Islami mošee, mis asub kadumaläinud pühas Jeruusalemma linnas

4. peatükk

Vaadake ja kuulake!

Maailma lõpuaja poole

Piiblis seletatakse meile selgelt inimkonna lõpuaja alguse ja lõpu kohta. Jumal on meile mitu tuhat aastat nüüd Piibli kaudu rääkinud inimese kasvatamise ajaloost. Ajalugu algas esimese maapealse inimese – Aadamaga – ja lõpeb Isanda teise tulekuga õhus.

Mis aeg on praegu Jumala inimkonna kasvatamise ajaloos ja kui palju päevi ja tunde on jäänud viimaste inimkonna kasvatamise hetkedeni? Vaatleme nüüd lähemalt, kuidas armastuse Jumal plaanis ja määras oma tahte Iisraeli pääsemisele viimiseks.

Piibli prohvetlike ettekuulutuste täitumine inimajaloo jooksul

Piiblis on palju prohvetlikke ettekuulutusi ja kõik need on Kõigeväelise Looja Jumala Sõnad. Nii nagu kirjutatakse Jesaja 55:11: *„Nõnda on ka minu Sõnaga, mis lähtub mu suust: see ei tule tagasi mu juurde tühjalt, vaid teeb, mis on mu meele järgi, ja saadab korda, milleks ma selle läkitasin."* Jumala Sõnad on siiani täpselt täide läinud ja iga Sõna täitub ka tulevikus.

Iisraeli ajalugu kinnitab ilmselt, et Piibli prohvetlikud ettekuulutused on vähimagi veata täpselt täitunud. Iisraeli ajalugu on kulgenud täpselt Piiblisse kirja pandud prohvetlike ettekuulutuste kohaselt: Iisraeli 400-aastane Egiptuse vangipõlv ja väljaränne; nende minek piima ja mett voolavale Kaananimaale; kuningriigi jagunemine kaheks – Iisraeliks ja Juudaks ja nende kuningriikide häving; Paabeli vangipõlv; Iisraeli koju naasmine; Messiase sünd, Messiase ristilöömine; Iisraeli häving ja kõigi rahvaste sekka laiali pillutamine ja Iisraeli riigi taasrajamine ning iseseisvaus.

Inimkonna ajalugu on Kõigeväelise Jumala kontrolli all ja mil iganes Ta saatis korda midagi tähtsat, ilmutas Ta oma nõu eelnevalt jumalameestele (Aamos 3:7). Jumal ütles eelnevalt Noale, oma aja õigele ja veatule inimesele, et suur uputus hävitab kogu maa. Ta ütles Aabrahamile, et Soodoma ja Gomorra linnad hävitatakse ja ta rääkis prohvet Taanielile ja apostel Johannesele maailma lõpuaja sündmustest.

Suurem osa Piiblisse kirja pandud prohvetlikest ettekuulutustest on täpselt täitunud ja veel täitumisele kuuluvate prohvetlike ettekuulutuste seas on Isanda teine tulek ja mõned enne seda aset leidvad sündmused.

Lõpuaja märgid

Hoolimata sellest, kui tõsiselt me selgitame, et lõpuaeg on käes, ei taha tänapäeval paljud seda uskuda. Selle uskumise asemel arvavad nad, et lõpuajast rääkijad on imelikud ja püüavad nende kuulamist vältida. Nad arvavad, et päike tõuseb ja loojub ja tsivilisatsioon jätkub nii nagu see on alati minevikus toimunud.

Piiblis on lõpuaja kohta kirjutatud: *"Seda teadke esmalt, et viimseil päevil tuleb pilkesõnadega pilkajaid, kes käivad iseenese himude järgi ja ütlevad: "Kus on Tema tulemise tõotus? Sest pärast seda, kui isad on läinud magama, on jäänud kõik nõnda nagu loomise algusest peale"* (2. Peetruse 3:3-4).

Mil iganes inimene sünnib, sureb ta samuti omal ajal. Samamoodi, nii nagu inimajalool oli algus, on ka sellel lõpp. Kui Jumala määratud aeg saabub, lõpevad kõik selle maailma asjad.

Ja sel ajal tõuseb Miikael, see suur vürst, kes seisab su rahva laste eest. Siis on kitsas aeg, millist ei ole olnud rahvaste algusest peale kuni selle ajani; aga sel ajal päästetakse su rahvas, kõik, kes leitakse olevat raamatusse kirjutatud. Ja paljud neist, kes magavad mulla põrmus, ärkavad: ühed igaveseks eluks ja teised teotuseks, igaveseks põlastuseks. Siis paistavad mõistlikud nagu taevalaotuse hiilgus, ja need, kes saadavad paljusid õiguse teele, otsekui tähed ikka ja igavesti. Aga sina, Taaniel, pea need sõnad saladuses ja pane raamat pitseriga kinni lõpuajaks! Siis uurivad seda paljud ja äratundmine süveneb (Taanieli 12:1-4).

Jumal kuulutas prohvet Taanieli kaudu lõpuaja sündmusi prohvetlikult ette. Mõned ütlevad, et Taanieli kaudu antud prohvetlikud sõnad täitusid juba ajaloo jooksul. Aga see prohvetlik ettekuulutus täitub täielikult inimajaloo viimasel hetkel ja on täielikus kooskõlas Uude Testamenti kirja pandud maailma lõpuaja märkidega.

See Taanieli prohvetlik ettekuulutus on Isanda teise tulekuga seotud. 1. salmis, kus on kirjas: „*Siis on kitsas aeg, millist ei ole olnud rahvaste algusest peale kuni selle ajani; aga sel ajal päästetakse su rahvas, kõik, kes leitakse olevat raamatusse kirjutatud,*" selgitatakse maailma lõpuajal aset leidvat seitsmeaastast suurt viletsuseaega ja päästetuid. 4. salmi teises osas, kus öeldakse: „*Siis uurivad seda paljud ja äratundmine süveneb,*" selgitatakse tänapäeva inimeste igapäevaelu. Lõppjäreldusena, Taanieli prohvetlikud ettekuulutused ei tähista 70 m.a.j. toimunud Iisraeli hävingut, vaid lõpuaja märke.

Jeesus rääkis oma jüngritele üksikasjalikult lõpuaja märkidest. Ta ütles Matteuse 24. peatükis: „*Te kuulete sõdadest ja sõjasõnumeid. Rahvas tõuseb rahva vastu ja kuningriik kuningriigi vastu ja on näljahädasid ja paiguti on maavärinaid. Ja palju valeprohveteid tõuseb ja need eksitavad paljusid. Ja kui ülekohus võtab võimust, jahtub paljude armastus.*"

Missugune on tänapäeva maailma olukord? Me kuuleme sõjauudiseid ja kuuldusi sõjast ja iga päevaga on rohkem terrorismi. Rahvad sõdivad üksteise vastu ja kuningriigid tõusevad teineteise vastu. On palju näljahädasid ja maavärinaid. Esineb arvukaid muid looduskatastroofe ja ebatavalistest ilmastikutingimustest tingitud katastroofe. Lisaks, seadusetuse hulk suureneb jätkuvalt kogu maailmas, patud ja kurjus vohavad üle kogu maailma ja inimeste armastus jahtub.

Sama on kirjas 2. Timoteosele.

Aga see olgu sul teada, et viimseil päevil tuleb raskeid aegu, sest siis on inimesi, kes on enesearmastajad, rahaahned, kelkijad, ülbed, teotajad, sõnakuulmatud vanemaile, tänamatud, nurjatud, halastamatud, leppimatud, laimajad, ohjeldamatud, jõhkrad, hea põlgajad, reetlikud, tormakad, upsakad, rohkem lõbu- kui jumalaarmastajad, kellel on küll jumalakartuse nägu, aga kes on salanud selle väe. Niisuguseid väldi! (2. Timoteosele 3:1-5).

Tänapäeva inimestele ei meeldi head asjad, vaid nad armastavad raha ja lõbu. Nad otsivad omakasu ja sooritavad kõhkluste ja süümepiinadeta hirmsaid patte ja kurja, kaasa arvatud tapmisi ja süütamisi. Niisugust juhtub liiga palju ja seega paljud taolised meie ümber asetleidvad asjad on tuimestanud inimsüdamed niivõrd, et suurem osa inimestest ei üllatu enam millegi peale. Kõike seda nähes ei saa salata, et inimajalugu on tõesti jõudnud lõpuaega.

Ka Iisraeli ajaloos peituvad vihjed, mis osutavad Isanda teisele tulekule ja maailma lõpuajale.

Matteuse 24:32-33 öeldakse: *"Ent viigipuust õppigem võrdumit: kui selle okstele tärkavad noored võrsed ja ajavad lehti, siis te tunnete ära, et suvi on lähedal. Nõnda ka teie, kui te näete kõike seda, tundke ära, et Tema on lähedal, ukse taga."* „Viigipuu" tähistab siin Iisraeli. Puu näeb talvel surnud välja, aga kevade tulles tärkab see taas, selle oksad kasvavad ja rohelised lehed võrsuvad. Samamoodi on Iisrael 70 m.a.j. aset leidnud riigi hävingust saadik paistnud kahe tuhande aasta jooksul otsekui täielikult kadunud olevat, aga Jumala määratud ajal kuulutas ta oma iseseisvust ja Iisraeli riik kuulutati välja 14. mail 1948. aastal..

Veelgi tähtsam on see, et Iisraeli iseseisvus tähendab, et Jeesus Kristuse teine tulek on väga lähedal. Seega peaks Iisrael aru saama, et nende oodatud Messias tuli maa peale ja sai kogu inimsoo Päästjaks 2000 aastat tagasi ja pidama meeles, et Päästja Jeesus naaseb varem või hiljem maapealse kohtunikuna.

Mis siis juhtub Piibli prohvetlike ettekuulutuste põhjal lõpuaegadel elavatele inimestele?

Isanda tulek õhus ja koguduse ülesvõtmine

Jeesus löödi umbes 2000 aastat tagasi risti ja Ta tõusis kolmandal päeval surnuist üles ja võitis surma väe. Pärast võeti Ta Taevasse ja paljud juuresviibinud nägid oma silmaga Tema ülesminekut.

Galilea mehed, mis te seisate siin ja vaatate üles taevasse? See Jeesus, kes teilt võeti üles Taevasse, tuleb samal kombel, nagu te nägite Teda Taevasse minevat (Apostlite teod 1:11).

Isand Jeesus avas oma ristiöömise ja ülestõusmisega inimkonna pääsemiseks ukse ja siis Ta võeti Taevasse, kus Ta istus paremale poole Jumala aujärge ja valmistab päästetutele taevaseid eluasemeid. Ja inimsoo ajaloo lõpus Ta naaseb, et meid tagasi viia. Tema teist tulekut kirjeldatakse hästi 1. Tessalooniklastele 4:16-17.

Sest Isand ise tuleb sõjahüüu, peaingli hääle ja Jumala pasuna saatel alla Taevast ning esmalt tõusevad üles surnud, kes on läinud magama Kristuses, pärast kistakse meid, kes me oleme üle jäänud elama, ühtviisi koos nendega pilvedes üles õhku Isandale vastu, ja nõnda me saame alati olla koos Isandaga.

Kui kuninglik on see vaatepilt kui Isand tuleb õhus aupilvedes arvukate inglite ja taevaste vägede saatel! Päästetud riietuvad kadumatusse vaimsesse ihusse ja kohtuvad Isandaga õhus ja pühitsevad siis meie igavese Peiu, Isandaga, seitsmeaastast pulmasöömaaega.

Päästetud tõstetakse õhku, kus nad kohtuvad Isandaga. Seda kutsutakse „koguduse ülesvõtmiseks." Õhuvald tähistab osa teisest taevast, mille Jumal valmistas seitsmeaastaseks pulmasöömaajaks.

Jumal jagas vaimumaailma ruumideks ja teine taevas on üks neist. Teine taevas on omakorda jagatud kaheks – Eedeniks, kus on valguse maailm ja pimeduse maailm. Valgusemaailma osas on eriline ruum, mis on valmistatud seitsmeaastaseks pulmasöömaajaks.

Selles pattu ja kurja täis maailmas pääsemiseks end usuga kaunistatud inimesed võetakse Isanda mõrsjana õhku, kus nad kohtuvad Isandaga ja võtavad seitsme aasta jooksul osa pulmasöömaajast.

„Rõõmustagem ja hõisakem ja andkem Talle au, sest Talle pulmad on tulnud ning Tema naine on ennast seadnud valmis, ja talle on antud, et ta riietuks säravasse puhtasse peenlinasesse!" See peenlinane on pühade õiged seadmised. Ingel ütles mulle: „Kirjuta: Õndsad on need, kes on kutsutud Talle pulmasöömaajale!" Ta ütles mulle: „Need on Jumala tõelised Sõnad" (Johannese ilmutus 19:7-9).

Isanda pulmasöömaajal tröösitakse õhkuvõetuid, kuna nad võitsid maailma usu kaudu, aga need, keda õhku ei võetud, kannatavad talumatut viletsuseaega kurjade vaimude tõttu, kes aeti Isanda teise tuleku ajal maa peale.

Seitse viletsuseaja aastat

Kui päästetud osalevad seitsmeaastasel pulmasöömaajal ja unistavad õnnelikust igavesest Taevast, on kogu maal inimkonna ajaloo jooksul ennekuulmatult raske viletsuseaeg ja see, mis seal sünnib, on hirmus.

Kuidas siis seitsmeaastane viletsuseaeg algab? Kuna Isand naaseb õhus ja väga palju inimesi võetakse korraga üles, on maa peale jäänud paanikas ja šokis, kuna nende pere, sõbrad ja lähedased on äkki ära kadunud ja nad ekslevad neid otsides ringi.

Varsti saavad nad aru, et kristlaste räägitud koguduse ülesvõtmine on tegelikult aset leidnud. Nad tunnevad õudust kui nad mõtlevad end tabava seitsmeaastase viletsuseaja peale. Neid rõhub tohutusuur äng ja nad on paanikas. Kui lennukite, laevade, rongide, autode ja muude sõidukite juhid võetakse taevasse, leiab aset palju liiklusavariisid ja tulekahjusid, hooned kukuvad kokku ning siis valitseb maailma kaos ja suur korralagedus.

Sel ajal kerkib esile inimene, kes toob rahu ja korra maailma. Ta on Euroopa Liidu valitseja. Ta koondab poliitilised ja majanduslikud jõud ja sõjaväeorganisatsiooni ja hoiab ühendvägede abil maailmas korda ja toob ühiskonda rahu ja stabiilsuse. Sellepärast rõõmustavad nii paljud kui ta maailmaareenile kerkib. Paljud tervitavad teda entusiastlikult, nad toetavad teda, olles lojaalsed ja aitavad tema tegevusele aktiivselt kaasa.

Tema on Piiblis kirjeldatud antikristus, kes juhib seitsmeaastast viletsuseaega, aga mingi aja jooksul näib ta olevat „rahusaadik". Tegelikult toob antikristus rahu ja korra inimestele seitsmeaastase viletsuseaja algfaasis. Ta kasutab maailmarahu saamiseks oma töövahendina metsalise märki, mis on Piiblisse kirja pandud „666".

Ja ta tegi, et kõik – pisikesed ja suured, rikkad ja vaesed, vabad ja orjad – võtaksid endale märgi oma paremale käele või oma otsaette, ning et keegi muu ei tohiks osta ega müüa kui vaid see, kellel on märk, kas metsalise nimi või tema nime arv. Siin olgu tarkust! Kellel on mõistust, see arvutagu välja metsalise arv, sest see on inimese arv, ja tema arv on kuussada kuuskümmend kuus (Johannese ilmutus 13:16-18).

Mis on metsalise märk?

Metsaline tähistab arvutit. Euroopa Liit (EL) rajab oma organisatsioonid arvutite abil. EL arvutitega antakse igaühe paremale käele või otsmikule triipkood. Triipkood on metsalise märk. Triipkoodis sisaldub igaühe isikuteave ja triipkood siirdatakse ta ihusse. Selle ihusse siirdatud triipkoodi abil saab EL-i arvuti jälgida, valvata, uurida ja kontrollida igaüht üksikasjalikult ja näha, kus ta on ja mida ta teeb.

Meie kaasaegsed krediitkaardid ja ID-kaardid asendatakse metsalise märgiga „666". Siis pole vaja enam sularaha ega tšekke. Siis ei pea inimesed enam muretsema oma varanduse kaotamise ega raharöövimise pärast. See pluss ajendab metsalise märgi „666" levikut kogu maailma lühikese ajaga ja märgita ei saa kellegi isikut tuvastada ning keegi ei saa ka enam müüa ega midagi osta.

Seitsmeaastase viletsuseaja algusest võtavad inimesed endale metsalise märgi, kuid neid ei sunnita seda vastu võtma. See on lihtsalt soovituslik, kuni EL-i organisatsiooni kindla rajamiseni. Niipea kui seitsmeaastase viletsuseaja esimene pool on läbi ja organisatsioon on stabiliseerunud, sunnib EL igaüht märki vastu võtma ja ei andesta neile, kes keelduvad seda tegemast. Seega, EL seob inimesed metsalise märgi kaudu ja juhib neid oma soovi kohaselt.

Lõpuks pannakse suurem osa seitsmeaastaseks viletsuseajaks maa peale jäänud inimestest antikristuse kontrolli ja metsalise valitsuse alla. Kuna antikristust valitseb vaenlane kurat, paneb EL inimesed Jumalale vastu seisma ja viib nad kurja, ebaõigluse, patu ja hävingu teele.

Muide, mõned inimesed ei allu antikristuse valitsusele. Need inimesed uskusid Jeesust Kristust, kuid tõelise usu puudumise tõttu ei võetud neid Isanda teise tuleku ajal taevasse.

Mõned neist võtsid kunagi Isanda vastu ja elasid Jumala armus, aga kaotasid selle armu hiljem ja naasid maailma, teised tunnistasid oma usku Kristusesse ja käisid koguduses, aga elasid maailmalikes lõbudes, sest neil polnud vaimset usku. Ja on ka neid, kes võtsid Isanda alles vastu ja mõned juudid ärkasid koguduse ülesvõtmise ajal oma vaimsest unest.

Kui nad näevad, et kogudus võeti üles, saavad nad aru, et kõik Vanas ja Uues Testamendis sisalduv oli tõene ja nad leinavad ja ahastavad kaotusvalust. Neid haarab suur hirm, nad parandavad meelt, kuna nad ei elanud Jumala tahte kohaselt ja nad püüavad leida pääsemise võimalust.

Veel kolmas ingel järgnes neile, hüüdes suure häälega: „Kui keegi kummardab metsalist ja tema kuju ning võtab tema märgi oma otsaette või oma käe peale, siis ta saab juua Jumala raevu viina, mis lahjendamata on valatud Tema vihakarikasse, ning teda piinatakse tules ja väävlis pühade inglite ees ja Talle ees. Ja nende piinasuits tõuseb üles igavesest ajast igavesti; ja neil, kes kummardavad metsalist ja tema kuju, ei ole hingamist päeval ega ööl, ei ühelgi, kes võtab endale ta nime märgi. Siin olgu kannatlikkust pühadel, kes hoiavad alati Jumala käske ja Jeesuse usku!" (Johannese ilmutus 14:9-12).

Kui keegi võtab metsalise märgi, sunnitakse teda olema kuulekas Jumala vastu seisvale antikristusele. Sellepärast rõhutatakse Piiblis, et kes iganes saab metsalise märgi, ei pääse. Suure viletsuseaja jooksul püüavad need, kes sellest teadlikud on, oma usu tõenduseks metsalise märki mitte vastu võtta.

Antikristuse identiteet saab selgelt ilmseks. Ta liigitab oma poliitikale vastuseisjad ja märgi vastuvõtmisest keeldujad ühiskonna ebapuhtaks elemendiks ja puhastab ühiskonna nendest, kuna nad on ühiskonna rahurikkujad. Ja ta sunnib nad Jeesust Kristust salgama ja metsalise märki vastu võtma. Vastuhaku korral järgneb tõsine tagakius ja nende märtrisurm.

Märtrisurma teel pääsemine neile, kes metsalise märki vastu ei võta

Seitsmeaastase suure viletsuseaja jooksul piinatakse neid,, kes metsalise märki vastu ei võta, kirjeldamatult tõsiselt. Piina talumine on nende jaoks liiga rusuv, seega vaid vähesed suudavad sellest üle olla ja saavad viimase võimaluse pääsemiseks. Mõned ütlevad: „Ma ei jäta oma usku Isandasse. Ma usun Teda ikkagi oma südames. Piin on nii muserdav, et ma salgan Isanda lihtsalt oma suu sõnadega. Jumal saab minust aru ja päästab mind" ja nad võtavad metsalise märgi vastu. Aga nad ei pääse.

Mõne aasta eest näitas Jumal mulle palvesoleku ajal nägemuse, kuidas mõned suure viletsuseajal maa peale jäänud seisavad vastu metsalise märgi vastuvõtmisele ja kuidas neid piinatakse. See oli tõesti õudne vaatepilt! Piinajad nülgisid ihu, purustasid kõik liigesed tükkideks, raiusid ära sõrmed, varbad, käed ja jalad ja valasid inimkehadele keevat õli.

II Maailmasõja ajal toimusid õudsad tapatalgud ja piinamised ja elavate ihude peal teostati meditsiinikatseid. Neid piinu ei anna võrrelda seitsmeaastase viletsuseaja jooksul toimuvaga. Pärast koguduse ülesvõtmist valitseb maailma vaenlase kuradiga üks olev antikristus ja tal puudub igasugune halastus ja kaastunne.

Vaenlane kurat ja antikristuse väed veenavad inimesi igasuguseid meetodeid kasutades Jeesust salgama, et neid põrgusse lähetada. Nad piinavad usklikke, aga ei tapa neid kohe, kasutades väga oskuslikke piinaviise, igasuguste julmade meetoditega. Igasugused piinaviisid ja kaasaegsed piinamiseks kasutatud piinariistad tekitavad usklikele äärmist paanikat ja valu. Aga hirmus piin vaid jätkub.

Piinatud sooviksid peatset surma, aga nad ei saa surma valida, sest antikristus ei tapa neid lihtsalt ja nad teavad hästi, et nad ei saaks enesetappu sooritades iialgi päästetud.

Jumalalt saadud nägemuses ei suutnud suurem osa inimesi valu ja piina taluda ja alistusid antikristusele. Mingi aja jooksul mõned neist näisid oma tugeva tahte läbi piinu taluvat ja neist üle olevat, aga kui nad nägid, kuidas nende armsaid lapsi või vanemaid piinati samamoodi, lakkas nende vastupanu ja nad alistusid antikristusele ning võtsid enesele metsalise märgi.

Nende piinatute hulgast võitsid hirmsa piina ja antikristuse kavalad kiusatused vaid üsna vähesed, kellel oli aus ja tõene süda ja nad surid märtrisurma. Seega, suure viletsuseaja jooksul märterluse teel oma usust kinni pidajad võivad pääsemise toredusest osa saada.

Eesseisvast viletsuseajast pääsemise tee

II Maailmasõja vallandumise ajal ei kahtlustanud Saksamaal rahulikku elu elanud juudid kunagi, et neid ootas eel niisugune õudne 6 miljonit inimest hävitanud tapatalgu. Keegi ei teadnud ega suutnud ette näha, et neile rahu ja suhtelist stabiilsust taganud Saksamaa muutuks äkki nii lühikese aja jooksul taoliseks kurjaks jõuks.

Sel ajal olid juudid abitud ja ei teadnud, mis juhtub ning nad ei saanud suure kannatuse vältimiseks mitte midagi ette võtta. Jumal tahab, et Ta valitud rahvas suudaks tulevikus eesseisvat õnnetust vältida. Sellepärast pani Jumal Piiblisse üksikasjalikult kirja maailma lõpus sündiva ja lasi jumalameestel hoiatada Iisraeli eesseisva viletsuseaja eest ja neid äratada.

Kõige olulisem, mida Iisraelil tuleb teada, on see, et toda viletsuseaja õnnetust ei saa vältida ja pääsemise asemel sattub Iisrael sündmuste keskmesse. Ma soovin, et te mõistaksite – viletsuseaeg tuleb väga varsti ja kui te pole selle jaoks valmis, tabab see teid nagu varas. Kui te tahate sellest õudsast õnnetusest pääseda, peate te vaimsest unest ärkama.

Just praegu on aeg Iisraelil ärgata! Nad peavad parandama meelt, et nad ei tundnud Messiast ära ja võtma vastu Jeesuse Kristuse, kes on kogu inimkonna Päästja ja saama tõelise usu, mida Jumal neile anda tahab, et nad saaksid Isanda tagasitulekul rõõmsalt üles võetud.

Me õhutan teid meeles pidama, et antikristus ilmub rahusaadikuna, just nii nagu Saksamaa tuli veidikeseks enne Teist Maailmasõda. Ta pakub rahu ja mugavust, aga siis saab antikristusest väga kiiresti ja täiesti ootamatult suur jõud, mille vägi sel ajal kasvab ning temaga kaasnevad kirjeldamatud kannatused ja õnnetused.

Kümme varvast

Piiblis on palju prohvetlikke, tulevikku puudutavaid lõike. Eriti kui me vaatame Vana Testamendi prohvetite raamatutesse kirja pandud prohvetlikke ettekuulutusi, on seal ette räägitud mitte üksnes Iisraeli, vaid maailma tulevikust. Mis põhjusel seda tehti teie arvates? Jumala valitud Iisraeli rahvas on olnud ja on tulevikus inimajaloo keskmes.

Suur kuju, millest räägitakse Taanieli prohvetlikus ettekuulutuses

Taanieli raamatus ei kuulutata prohvetlikult ette üksnes Iisraeli tulevikku, vaid Israeli lõpuga seoses räägitakse ka sellest, mis sünnib maailmas lõpuaegadel. Taanieli 2:31-33 tõlgendas Taaniel Jumala sisendusel kuningas Nebukadnetsari unenäo ja kuulutas seda tõlgendades prohvetlikult ette maailma lõpuaja sündmusi.

Sina, kuningas, nägid, ja vaata, oli üks suur kuju. See kuju oli suur ja selle hiilgus erakordne; see seisis su ees ja selle välimus oli hirmus. Kuju pea oli puhtast kullast, rind ja käsivarred hõbedast, kõht ja reied vasest, sääred rauast, jalad osalt rauast, osalt savist (Taanieli 2:31-33).

Mida neis salmides kuulutatakse prohvetlikult ette lõpuaja maailma olukorra kohta?

„Üks suur kuju", mida kuningas Nebukadnetsar unes nägi oli Euroopa Liit. Tänapäeva maailma valitsevad kaks jõudu – Ameerika Ühendriigid ja Euroopa Liit. Muidugi ei saa eirata ka Venemaa ja Hiina mõju. Aga Ameerika Ühendriigid ja Euroopa Liit on ikkagi majanduslikult ja sõjalise jõu poolest maailma kõige mõjukamad jõud.

Praegu tundub Euroopa Liit nõrgavõitu, aga see laieneb üha. Tänapäeval ei ole selles enam mingit kahtlust. Siiani on USA olnud eranditult maailma kõige domineerivam riik, aga vähehaaval hakkab Euroopa Liidu mõjuvõim maailmas USA üle ülekaalu saavutama.

Alles mõnekümne aasta eest ei oleks keegi ette kujutanud, et Euroopa maad oleksid ühendatud üheks valitsussüsteemiks. Muidugi, Euroopa maad on Euroopa Liidu plaani juba kaua arutanud, aga polnud mingit tagatist, et nad ületaksid ühtse organisatsiooni moodustamiseks riikliku identiteedi, keele, valuuta ja palju muid piire.

Aga 1980-ndate lõpus hakkasid Euroopa maade juhid lihtsalt majandusprobleemide tõttu tõsiselt asja arutama. Külma sõja ajal oli sõjaline jõud peamiseks maailmas ülekaalu säilitamise mooduseks, aga külma sõja lõppedes toimus nihe ja sõjalise jõu asemel sai majanduslik tugevus peamiseks jõuks.

Selle jaoks valmistumiseks on Euroopa maad püüdnud ühineda ja selle tulemusel on neist moodustunud üks majandusliit. Nüüd jääb üle vaid poliitiline ühendus, mis koondab riigid ühe valitsussüsteemi alluvusse ja hetkeolukord õhutab selle tekkimist.

„*See kuju oli suur ja selle hiilgus erakordne; see seisis su ees ja selle välimus oli hirmus,*" mis on kirjas Taanieli 2:31, on prohvetlik ettekuulutus Euroopa Liidu kasvu ja tegevuse kohta. See räägib kui tugevaks ja võimsaks Euroopa Liit muutub.

EL muutub väga võimsaks

Kuidas EL muutub väga võimsaks? Taanieli 2:32 ja edasi tuuakse sellele vastus, selgitustega kuju pea, rinna, käsivarte, kõhu, reite, jalgade ja säärte materjali kohta.

Esiteks öeldakse 32. salmis: „*Kuju pea oli puhtast kullast.*" See on prohvetlik ettekuulutus Euroopa Liidu majandusliku paranemise ja majandusliku võimsuse saavutamise kohta rikkuse kogunemisega. Prohvetikuulutuse kohaselt saab EL majandusühendusest kasu ja see on ta jaoks väga tulus.

Järgmiseks kirjutatakse samas salmis „selle rind ja käsivarred

[olid] hõbedast." See sümboliseerib, et EL näib sotsiaalselt, kultuuriliselt ja poliitiliselt ühendatud olevat. Kui EL esindamiseks valitakse üks president, saavutab see välise poliitilise ühtsuse ja saab sotsiaalselt ja kultuuriliselt täiesti ühtseks. Aga ebatäieliku ühtsuse raames taotleb iga liige oma majanduskasu.

Järgmiseks öeldakse, et „selle kõht ja reied [olid] vasest." See sümboliseerib, et EL saavutab sõjalise ühtsuse. Iga EL-i maa tahab olla majanduslikult tugev. Sõjaline ühtsus on põhimõtteliselt majanduskasu otstarbel, mis on ülim eesmärk. Kultuuriline, poliitiline ja sõjaline ühtsus on ainus tee majandusliku tugevuse kaudu maailmavalitsemiseks vajaliku jõu saavutamiseks.

Viimaks räägitakse „raudjalgadest." See tähistab järjekordset tugevat alust EL-i tugevdamiseks ja toetamiseks religioosse ühtsuse läbi. EL-i algusfaasis kuulutatakse katoliiklus riigiusuks. Katoliiklus muutub tugevaks ja sellest saab EL-i tugevdamise ja alalhoiu tugimehhanism.

Kümne varba vaimne tähendus

Kui EL-il õnnestub ühendada palju maid majanduslikus, poliitilises, sotsiaalses, kultuurilises, sõjalises ja religioosses mõjusfääris, uhkeldab see esialgu oma ühtsuse ja jõuga, aga vähehaaval hakkavad tekkima lahkhelid ja laialimineku märgid.

EL-i algusfaasis koonduvad EL-i maad, sest nad annavad

üksteisele majanduskasu saamiseks müügiloa. Aga aja möödudes tõusevad päevakorda ühiskondlikud, kultuurilised, poliitilised ja ideoloogilised erinevused ja tekivad lahkhelid. Siis ilmnevad erinevad lahkmeele märgid. Lõpuks tulevad esile religioossed konfliktid – katoliikluse ja protestantluse vahel.

Taanieli 2:33 öeldakse: „...jalad osalt rauast, osalt savist." See tähendab, et osad kümnest varbast on rauast ja ülejäänud savist. Kümme varvast ei tähista „EL-i 10 maad." Need tähistavad „viit katoliiklusse uskuvat esindajamaad ja viit ülejäänut esindajamaad, mis usuvad protestantlust."

Nii nagu rauda ja savi ei saa segada ja ühendada, ei saa täielikult ühendada maid, kus domineerib katoliiklus ja teisi, mis on protestantlikud, see tähendab, et domineerivad riigid ja nende mõjualused riigid ei segune.

EL-i lahkhelide sümptomite suurenemisel tuntakse üha kasvavat vajadust koondada maad religiooni abil ja katoliiklus saavutab mõnes kohas suurema mõjuvõimu.

Seega, Euroopa Liit moodustatakse lõpuajal majanduskasu saavutamise eesmärgil ja siis tõuseb see tohutu väega. Hiljem ühendab EL oma religiooni katoliikluse alla ja EL-i ühtsus muutub veelgi tugevamaks ja lõpus saab EL-ist ebajumal.

Ebajumalad on objektid, mida inimesed kummardavad ja austavad. Selles mõttes juhib EL maailma kulgu suure väega ja valitseb maailma võimsa ebajumalana.

Kolmas maailmasõda ja Euroopa Liit

Ülaltoodu alusel, kui Isand tuleb maailma lõpus taas pilvedel, võetakse arvukad usklikud samaaegselt õhku ja maa peal tekib tohutu kaos. Vahepeal võtab EL valitsuse üle ja valitseb üürikeseks maailma rahu ja korra tagamise sildi all, aga hiljem seisab EL Isandale vastu ja võtab seitsmeaastase viletsuseaja jooksul juhirolli.

Hiljem eralduvad EL-i liikmesriigid, kuna nad otsivad omakasu. See juhtub seitsmeaastase viletsuseaja keskel. Seitsmeaastase viletsuseaja algus leiab Taanieli raamatu 12. peatüki alusel aset Iisraeli ja maailma ajaloo kuluga kooskõlas.

Kohe pärast seitsmeaastase viletsuseaja algust saavutab EL üha enam tohutusuurt võimu ja tugevust. Nad valivad Liidu ühtse presidendi. See juhtub kohe pärast seda kui Jeesuse Kristuse Päästjaks vastuvõtnud ja jumalalapse õiguse saanud muutuvad hetkega ja võetakse Isanda teise tuleku ajal üles taevasse.

Suurem osa juutidest, kes Jeesust Päästjaks ei võta, jäävad maa peale ja kannatavad seitsmeaastase suure viletsuseaja jooksul. Suure viletsuseaja viletsus ja õud on kohutav ja seda ei anna kirjeldada. Maa on täis kõige südantlõhestavamaid sündmusi nagu sõjad, tapmised, hukkamised, näljahädad, haigused ja õnnetusi, mis on äärmuslikumad kui ükskõik missugune varasem inimkonda tabanud juhtum.

Seitsmeaastase viletsuseaja alguse signaaliks on Iisraeli ja

Lähis-Ida vahel vallanduv sõda. Iisraeli ja ülejäänud Lähis-Ida maade vahel on äärmuslik pinevus kaua kestnud ja piiritülid pole kunagi lakanud. Tulevikus muutub see vaidlus vaid hullemaks. Tõsine sõda vallandub, kuna maailma juhtivad riigid sekkuvad naftasse puutuvasse. Nad on üksteisega tülis, et saada rahvusvahelistes küsimustes suuremat õigust ja eeliseid. Ameerika Ühendriigid, kes on Iisraeli kauaaegne traditsiooniline liitlane olnud, toetab Iisraeli. Euroopa Liit, Hiina ja Venemaa, kes on Ühendriikide vastu, saavad Lähis-Ida liitlasteks ja siis vallandub osapoolte vaheline Kolmas maailmasõda.

Kolmas maailmasõda erineb oma ulatuselt täiesti Teisest maailmasõjast. II maailmasõjas tapeti või suri sõja tõttu üle 50 miljoni inimese. Aga kaasaja relvajõud, mille hulka kuuluvad tuumapommid, keemilised ja bioloogilised relvad ja palju muud, ei ole võrreldavad Teises maailmasõjas kasutatuga ja nende relvade kasutamine on kirjeldamatult kohutav.

Kasutatakse halastamatult igasuguseid relvi, kaasa arvatud tuumapomme ja erinevaid kaasaegseid relvi, mis on sellest ajast saadik leiutatud ja järgneb kirjeldamatu häving ja tapatalgud. Sõdivad maad hävivad ja vaesuvad täiesti. See ei lõpeta sõda. Tuumaplahvatusele järgneb radioaktiivsus ja radioaktiivne saaste, tõsine kliimamuutus ja õnnetused tabavad kogu maad. Selle tulemusel on kogu maa, kaasa arvatud sõdivad maad, nagu maapealne põrgu.

Keset sõda tuumarelva rünnakud lakkavad, tuumarelvi ei kasutata enam, kuna see ohustaks kogu inimkonna eksistentsi. Aga kõik muud relvad ja suurte sõjavägede rohkus kiirendavad sõda. USA, Hiina ja Venemaa ei suuda taastuda. Enamik maailma maadest variseb peaaegu kokku, aga EL pääseb kõige laastavamast kahjust. EL lubab toetada Hiinat ja Venemaad, aga sõja ajal ei osale EL sõjategevuses aktiivselt, et mitte kannatada sama suurt kaotust nagu muud maad.

Kui maailma paljud juhtivad riigid, kaasa arvatud USA, kannatavad suuri kahjusid ja kaotavad oma võimu enneolematu sõjapidamise pöörises, saab EL ainsaks kõige võimsamaks riiklikuks ühenduseks ja valitseb kogu maailma. Esialgu EL lihtsalt jälgib sõja kulgu ja kui teised maad on majanduslikult ja sõjaliselt täiesti hävinud, astub EL esiplaanile ja hakkab sõjaküsimust lahendama. Teistel maadel jääb üle vaid EL-i otsust järgida, kuna nad on kaotanud kogu oma võimuse.

Sellest hetkest algab seitsmeaastase suure viletsuseaja teine pool ja järgmise kolme ja poole aasta jooksul valitseb kogu maailma antikristus, kes on EL-i valitseja ja ta kuulutab end pühakuks. Ja antikristus piinab ja kiusab taga oma vastaseid.

Antikristuse tõeline loomus on paljastunud

III maailmasõja esialgses faasis kannatavad mitmed maad sõja tõttu suurt kahju ja EL lubab neile Hiina ja Venemaa kaudu majandusabi. Iisrael tuuakse sõjakeskmes oleku tõttu ohvriks ja sel ajal lubab EL ehitada Jumala püha templi, mida Iisrael on nii väga igatsenud. EL-i rahusobituse tagajärjel unistab Iisrael üsna hiljuti Jumala õnnistuse kaudu kogetud au taastumisest. Selle tulemusena liitub ka Iisrael EL-iga. Kuna EL-i president toetab Iisraeli, peetakse teda juutide päästjaks. Pikaleveninud sõda Lähis-Idas näib olevat lõppenud ja Püha maa taastatakse taas ning Jumala püha tempel ehitatakse üles. Nad usuvad, et kauaoodatud Messias ja kuningas on lõpuks tulnud ja taastanud Iisraeli täielikult ning neid austanud.

Aga nende lootused ja rõõm põrmustub pea. Kui Jumala püha tempel on Jeruusalemmas taas ehitatud, juhtub midagi ootamatut. Taanieli raamatus kuulutatakse seda prohvetlikult ette.

Ja ta teeb paljudega kindla lepingu üheks aastanädalaks; poole aastanädala pealt ta lõpetab tapa- ja roaohvri; hävitaja tuleb koletise tiibadel, kuni määratud lõpp voolab üle hävitaja (Taanieli 9:27).

Ja tema poolt saadetud sõjaväed tulevad ja teotavad pühamut, kindlat linna; nad kõrvaldavad alalise ohvri ja panevad sinna hävituse koletise (Taanieli 11:31).

Ja alates sellest ajast, kui kõrvaldatakse alaline ohver ja sinna pannakse hävituse koletis, on tuhat kakssada üheksakümmend päeva (Taanieli 12:11).

Kõigis nendes kolmes salmis viidatakse ühele ühisele

sündmusele. See sündmus leiab aset lõpuajal ja Jeesus rääkis lõpuajast samuti järgmises salmis.

Ta ütles Matteuse 24:15-16: *„Kui te siis näete pühakojas seisvat hävituse koletist, millest prohvet Taaniel on rääkinud – lugeja mõtelgu sellele!* –, *siis need, kes on Juudamaal, põgenegu mägedesse."*

Esialgu usuvad juudid, et EL taastas Jumala püha templi Pühal maal, mida nad pidasid pühaks, aga kui pühas paigas algab jõledus, on nad šokis ja saavad aru, et nad on valesti uskunud. Nad märkavad, et nad on pööranud oma silmad Jeesuse Kristuse pealt ja Tema on nende Messias ja inimkonna Päästja.

Just sel põhjusel peab Iisrael ärkama nüüd. Kui Iisrael ei ärka nüüd, ei suuda nad õigel ajal tõde mõista. Iisrael mõistab tõde liiga hilja ja seetõttu on tegu pöördumatu protsessiga.

Ma soovin südamest, et Iisrael ärkaks ja ei langeks antikristuse kiusatusse ega võtaks enesele metsalise märki. Kui antikristuse mahedalt meelitavad sõnad, mis lubavad rahu ja rikkust, petavad teda ja ta võtab vastu metsalise märgi „666", on ta sunnitud minema tagasipöördumatule igavese surma teele.

Veelgi haledam on see, et Taanieli prohvetliku ettekuulutuse kohaselt taipavad paljud juudid alles siis kui metsalise olemus saab ilmsiks, et nad on valesti uskunud. Ma soovin, et te võtaksite vastu Messiase, kelle Jumal juba saatis ja võiksite seitsmeaastase suure viletsuseaja küüsi mitte jääda.

Seega, nii nagu ma varem ütlesin, teil tuleb vastu võtta Jeesus Kristus ja saada Jumala ees kohane usk. See on ainuke tee, kuidas te võite pääseda seitsmeaastasest suurest viletsuseajast. Kui kahju, kui teid ei võeta üles taevasse ja te jääte Isanda teise tuleku ajal maa peale! Õnneks leiate te pääsemiseks viimase võimaluse.

Ma palun teid südamest, et te võtaksite Jeesuse Kristuse kohe vastu ja elaksite osaduses oma vendade ja õdedega Kristuses. Aga ka nüüd pole liiga hilja näha Piibli ja selle raamatu abil, kuidas te võite püsida usus eesseisva suure viletsuseaja jooksul ja leida tee, mille Jumal valmistas teile viimase pääsemisvõimaluse jaoks ja lasta Tal end sellele teele viia.

Jumala lakkamatu armastus

Jumal täitis Jeesuse Kristuse kaudu oma ettehoolde inimese pääsemiseks ja hoolimata inimese rassist või rahvusest, kes iganes võtab Jeesuse oma Päästjaks vastu ja teeb Jumala tahet, selle teeb Jumal oma lapseks ja annab Talle igavese elu.

Aga mis juhtus Iisraeli riigi ja selle rahvaga? Paljud neist ei ole Jeesust Kristust vastu võtnud ja on pääsemise teest hoidunud. Kui väga kahju on sellest, et nad ei mõista Jeesuse Kristuse kaudu pääsemise teed ka siis kui Isand tuleb pilvedel tagasi ja päästetud jumalalapsed võetakse maa pealt üles õhku!

Mis saab siis Jumala väljavalitud Iisraelist? Kas nad jäävad välja päästetud jumalalaste seast? Armastuse Jumal valmistas Iisraeli jaoks hämmastava plaani inimajaloo viimaseks hetkeks.

Jumal ei ole inimene, et Ta valetaks, inimlaps, et Ta kahetseks. Kas Tema ütleb, aga ei tee, või räägib, aga ei vii täide? (4. Moosese raamat 23:19)

Missugune on Jumala viimane, Iisraeli jaoks planeeritud ettehoole aegade lõpus? Jumal valmistas oma väljavalitud Iisraeli rahvale „noppelise pääste", et nad võiksid saada päästetud, kui nad saavad aru, et nende poolt risti löödud Jeesus ongi seesama

Messias, keda nad nii kaua ootasid ja parandavad Jumala ees oma pattudest põhjalikult meelt.

Noppeline pääsemine

Mõned maa peale mahajäänud inimesed hakkavad seitsmeaastase suure viletsuseaja jooksul uskuma, et Jumal on elav ja Jeesus Kristus on meie ainus Päästja ja aktsepteerivad oma südames Taeva ja põrgu tegelikku olemasolu, kuna nad nägid paljusid inimesi taevasse võetavat ja tulid tõetunnetusele. Lisaks, nad püüavad metsalise märki mitte vastu võtta. Pärast koguduse ülesvõtmist muutuvad nad, loevad Piiblisse kirja pandud Jumala Sõna, käivad koos ja peavad ülistuskoosolekuid ning püüavad Jumala Sõna järgi elada.

Suure viletsuseaja alguses elavad paljud usuelu ja kuulutavad isegi teistele evangeeliumi, kuna tagakius ei ole veel võtnud organiseeritud kuju. Nad ei võta metsalise märki, kuna nad teavad juba, et nad ei saa selle märgiga päästetud ja nad püüavad anda endast parimat, et elada ka suure viletsuseaja jooksul pääsemise väärilist elu. Aga kuna Püha Vaim on maailmast lahkunud, on neil väga raske usus püsida.

Paljud neist nutavad palju, kuna pole kedagi, kes juhataks ülistuskoosolekuid ega aitaks neil rohkem usku saada. Nad peavad püsima usus ilma Jumala kaitse ja tugevuseta. Nad leinavad, sest nad kahetsevad, et nad ei järginud Jumala Sõna õpetust, kuigi neile öeldi, et nad võtaksid Jeesuse Kristuse vastu ja elaksid ustavat usuelu. Nad peavad hoidma oma usku igasugustes katsumustes ja tagakiusus maailmas, kus nad elavad ja kus neil on raske leida Jumala tõesõna.

Mõned neist peidavad end kaugel asuvatesse mägedesse, et mitte vastu võtta metsalise märki „666." Nad peavad otsima taimejuuri ja puid ja tapma loomi, et süüa saada, sest nad ei saa metsalise märgita toidu saamiseks midagi osta ega müüa. Aga suure viletsuseaja teise poole jooksul kütib antikristuse sõjavägi usklikke karmilt ja tähelepanelikult kolm ja pool aastat. Hoolimata sellest, missugustesse kaugetesse mägedesse nad ka ei varjuks, nad leitakse ja sõjavägi viib nad minema.

Metsalise valitsus võtab kinni need, kes pole veel metsalise märki vastu võtnud ja sunnib nad tugeva piina läbi Isandat salgama ja märki vastu võtma. Lõpuks annavad paljud alla ja neil ei jää äärmise valu ja õuduse kannatamise tõttu üle muud kui märk vastu võtta.

Sõjavägi riputab nad alasti seinale ja läbistab nende ihu puuriga. Nad nülivad kogu ihu peast jalatallani. Nad piinavad inimeste silme all nende lapsi. Sõjaväe tekitatud piinad on ülimalt julmad, seega märtrisurma on väga raske surra.

Sellepärast pääsevad ja lähevad Taevasse vaid vähesed, kes võidavad igasuguse piina inimjõust tugevama tahtejõuga ja surevad märtrisurma. Seega, mõned pääsevad usust kinnipidamise teel ja ei salga Isandat ning ohverdavad suure viletsuseaja jooksul antikristuse valitsuse all märtrina oma elu.

Seda kutsutakse „noppeliseks pääsemiseks."

Jumalal on sügavad saladused, mida Ta valmistas oma valitud Iisraeli noppelise pääsemise jaoks. Ta kasutab kahte tunnistajat ja Petra nimelist kohta.

Kahe tunnistaja välimus ja teenistus

Johannese ilmutuses 11:3 öeldakse: *„Ja ma annan oma kahele tunnistajale meelevalla ennustada kotiriidesse rõivastatult tuhat kakssada kuuskümmend päeva."* Kaks tunnistajat on enne aegade algust Jumala plaanis Tema valitud Iisraeli päästmiseks määratud inimesed. Nad tunnistavad juutidele Iisraelis, et Jeesus Kristus on üks ja ainus Messias, kellest Vanas Testamendis prohvetlikult ette kuulutati.

Jumal rääkis mulle kahest tunnistajast. Ta selgitas, et nad ei ole väga vanad, nad elavad õiglaselt ja neil on aus süda. Ta andis mulle teada, mida üks nendest Jumala ees tunnistab. Tema tunnistus ütleb, et ta uskus judaismi, aga siis ta kuulis, et paljud inimesed usuvad Jeesust Kristust ja räägivad Temast. Seega ta palus järgmiste sõnadega, et Jumal aitaks tal eristada, mis on õige ja tõene:

„Oh, Jumal!

Mis minu südant vaevab?
Ma usun, et kõik see on tõde,
mida ma kuulsin oma vanematelt ja mis mulle on räägitud

mu noorusajast peale,
aga miks on mu südames see vaev ja küsimused?

Paljud räägivad Messiasest.

Aga vaid siis kui keegi võiks mulle näidata
põhjendatud ja selgeid tõendeid
selle kohta, kas on õige uskuda neid
või uskuda vaid seda, mida ma noorest peale olen kuulnud,
oleksin ma rõõmus ja tänulik.

Aga ma ei näe midagi
ja selleks, et järgida toda, mida need inimesed räägivad,
pean ma pidama tähendusetuks ja rumalaks
kõike, millest ma noorest peale olen kinni pidanud.
Mis on Sinu silmis tõeliselt õige?

Isa Jumal!
Kui see on Su tahe,
näita mulle kedagi,
kes võiks tõestada ja mõista kõike.
Las ta tulla minu juurde ja õpetada mulle,
mis on tõesti täpne ja kus on tõeline tõde.

Kui ma vaatan üles Taevasse,
vaevab see mu südant
ja kui on keegi, kes suudaks seda küsimust lahendada,

näita teda palun mulle.

Ma ei saa oma südames reeta kõike, millesse ma olen uskunud
ja kui ma kõigest sellest mõtisklen,
kui keegi saaks mind õpetada ja mulle neid asju näidata,
ainult kui ta võiks mulle näidata, et see on tõde,
siis ei tunduks, otsekui reedaksin ma,
õpitu ja nähtu.

Seega, Isa Jumal!
Palun näita seda mulle.

Anna mulle arusaamist kõigist neist asjust.

Nii palju asju teevad mulle vaeva.
Ma usun, et kõik, mida ma siiani kuulnud olen, on tõde.

Aga kui ma mõtisklen taas nende asjade üle,
on mul palju küsimusi ja mu janu ei kustu;
Miks on see nii?

Seega, ainult siis kui ma näen neid asju
ja võin neis kindel olla;
ainult siis kui ma võin olla kindel, et ma ei reeda
teed, mida ma olen siiani käinud;
ainult siis kui ma võin näha, mis on tõeliselt tõene;
ainult siis kui ma tean kõiki neid asju,

millest ma olen mõtelnud,
alles siis võib mu süda taas rahus olla."

Kaks tunnistajat, kes on juudid, otsivad sügavalt puhast tõde ja Jumal vastab ning saadab nende juurde jumalamehe. Jumalamehe kaudu saavad nad aru Jumala inimese kasvatamise ettehooldest ja võtavad Jeesuse Kristuse vastu. Nad jäävad seitsmeaastase suure viletsuseaja jooksul maa peale ja teenivad Iisraeli meeleparanduseks ja pääsemiseks. Nad saavad Jumalalt erilise väe ja tunnistavad Iisraelile Jeesusest Kristusest.

Nad tulevad esile ja on Jumala ees täiesti pühitsetud ja nad teenivad Johannese ilmutuse 11:2 kohaselt 42 kuud. Kaks tunnistajat tulevad Iisraelist, kuna Iisrael on evangeeliumi algus ja lõpp. Apostel Paulus viis evangeeliumi maailma ja nüüd kui evangeelium jõuab alguspunkti – Iisraeli – tagasi, täituvad evangeeliumi teod.

Jeesus ütles Apostlite tegudes 1:8: *„vaid te saate väe Pühalt Vaimult, kes tuleb teie üle, ja te peate olema minu tunnistajad Jeruusalemmas ja kogu Juuda- ja Samaariamaal ning ilmamaa äärteni."* „Ilmamaa ääred" tähistavad siin Iisraeli, mis on evangeeliumi viimane sihtkoht.

Kaks tunnistajat kuulutavad juutidele risti sõnumit ja selgitavad neile Jumala tulise väega pääsemise teed. Ja nad teevad hämmastavaid imesid ja tunnustähti, mis kinnitavad seda sõnumit. Neil on vägi sulgeda taevas, et nende prohvetliku ettekuulutamise päevadel ei sajaks vihma ja neil on vägi muuta vesi vereks ja tabada maad iga nuhtlusega, nii sageli kui nad seda teha soovivad.

Selle peale naasevad paljud juudid Isanda juurde, aga samal ajal on neid, kelle südametunnistust need sõnad lõikavad ja nad püüavad kahte tunnistajat tappa. Kahte tunnistajat ei vihka südamest ja ei ürita tappa üksnes need juudid, vaid paljud kurjad inimesed teistes, antikristuse valitsuse all olevates maades.

Kahe tunnistaja märtrisurm ja ülestõusmine

Kahe tunnistaja vägi on nii suur, et keegi ei julge neile viga teha. Lõpuks osalevad riigivõimud nende tapmises. Aga kahte tunnistajat ei tapeta riigivõimude tõttu, vaid kuna see on Jumala tahe, et nad sureksid teatud ajal märtrisurma. Nende märtrisurma suremise koht on seesama, kus Jeesus risti löödi ja see vihjab nende surnuist ülestõusmisele.

Kui Jeesus löödi risti, valvasid rooma sõdurid Ta hauda, et keegi ei saaks Ta ihu võtta. Tema ihu ei nähtud hiljem, kuna Ta tõusis surnuist ellu. Inimesed, kes surmavad kaks tunnistajat, mäletavad seda ja muretsevad, et keegi nende ihusid ära ei võtaks. Seega nad ei lase nende ihusid hauda maetud saada, vaid panevad surnukehad tänavale, et kogu maailma rahvas võiks surnukehasid näha. Seda nähes tunnevad kurjad inimesed, kelle südametunnistusele kahe tunnistaja kuulutatud evangeelium valu tegi, nende surmast suurt heameelt.

Kogu maailm rõõmustab ja pühitseb ja uudised nende surmast levivad kolme ja poole päeva jooksul satelliitide vahendusel kogu maailma massimeedias. Pärast kolme ja poolt päeva leiab aset kahe tunnistaja surnuist ülestõusmine. Nad tehakse taas elavaks, tõstetakse surnuist üles ja võetakse aupilves taevasse, nii nagu Eelija, kes läks pööristuulega üles taevasse. Seda hämmastavat vaatepilti näidatakse kogu maailmas ja arvukad inimesed jälgivad seda.

Ja sel tunnil leiab aset suur maavärin ja kümnendik linnast langeb ning maavärin tapab seitse tuhat inimest. Johannese ilmutuses 11:3-13 kirjeldatakse seda üksikasjalikult järgnevalt.

Ja ma annan oma kahele tunnistajale meelevalla ennustada kotiriidesse rõivastatult tuhat kakssada kuuskümmend päeva. Need tunnistajad on need kaks õlipuud ja kaks lambijalga, mis seisavad ilmamaa Isanda ees. Kui keegi tahab neile kurja teha, siis tuleb nende suust tuli välja ning sööb ära nende vaenlased, ning kui keegi peaks tahtma neile kurja teha, siis peab too nõnda tapetama. Neil on meelevald lukustada taevas, et nende ennustamise päevil ei sajaks vihma, ning neil on meelevald vete üle, et muuta neid vereks ning lüüa ilmamaad igasuguse nuhtlusega nii sageli, kui nad vaid tahavad. Kui nad on lõpetanud tunnistamise, siis hakkab metsaline, kes tuleb üles sügavusest, nendega sõda pidama ja võidab nad ära ning tapab nad. Ning nende korjused lebavad suure linna tänavail, mida hüütakse vaimulikul viisil

Soodomaks ja Egiptuseks, kus löödi risti ka nende Isand. Inimesed rahvaste ja suguharude ja keelte ja paganahõimude seast näevad nende korjuseid kolm ja pool päeva ega lase nende korjuseid panna hauda. Ja need, kes elavad ilmamaal, rõõmustavad nende pärast ja hõiskavad ning läkitavad üksteisele kinke, sest need kaks prohvetit olid rängasti vaevanud ilmamaa asukaid. Pärast seda kolme ja poolt päeva tuli elu vaim Jumalast nende sisse ja nad tõusid püsti oma jalgadele ning suur kartus langes nende peale, kes neid nägid. Ja nad kuulsid suurt häält taevast endile ütlevat: „Tulge siia üles!" Nad läksid pilve sees üles taevasse ja nende vaenlased vaatasid neid. Ja selsamal tunnil sündis suur maavärin, ning kümnendik linna langes kokku ja selles maavärinas tapeti seitse tuhat inimest, ning teised lõid kartma ja ülistasid taeva Jumalat (Johannese ilmutus 11:3-13).

Hoolimata inimeste kangekaelsusest, kui nende südames on vähimatki headust, saavad nad aru, et suur maavärin ja kahe tunnistaja elluärkamine ja taevasseminek on Jumala teod ja annavad Jumalale au. Ja nad on sunnitud tunnistama, et Jeesus tõusis surnuist Jumala väega umbes 2000 aasta eest. Hoolimata kõigist neist sündmustest, mõned kurjad inimesed ei austa Jumalat.

Ma õhutan teid kõiki, et te võtaksite vastu Jumala armastuse. Jumal soovib viimase hetkeni teid päästa ja soovib, et te kuulaksite kahte tunnistajat. Kaks tunnistajat tunnistavad Jumala suure väega, et nad tulid Jumala juurest. Nad äratavad palju inimesi Jumala armastusele ja tahtele nende elu jaoks. Ja nad juhatavad teid, et te saaksite viimase pääsemisvõimaluse.

Ma palun südamest, et te ei seisaks vaenlasele kuradile kuuluvate vaenlaste poole peal, kes viivad teid hävingu teele, vaid kuulaksite kahte tunnistajat ja saaksite päästetud.

Petra, juutide pelgupaik

Teine saladus, mille Jumal on määranud oma valitud Iisraeli jaoks, on Petra, pelgupaik seitsmeaastase suure viletsuseaja jooksul. Jesaja 16:1-4 selgitatakse, mis koht on Petra.

Lähetage maavalitseja jäärad Selast kõrbe kaudu Siioni tütre mäele! Nagu põgenevad linnud, peletatud pesakond, on Moabi tütred Arnoni koolmeil. Anna olla, tee otsus! Las olla su vari otsekui öö keskpäeval. Varja väljaaetuid, ära reeda põgenikku! Anna enese juures asu Moabi pillutatuile, ole neile pelgupaigaks hävitaja ees! Kui rõhujal on lõpp, hävitus lakkab, tallajad kaovad maalt.

Moabimaa tähistab Iisraeli idaosas asuvat Jordaaniat. Petra on arheoloogiline koht Jordaania edelaosas, Hoori mäeküljel asuva Araba idakülge moodustavate mägede (Wadi Araba) vahelises nõos, mis on suur Surnumerest Aquaba laheni ulatuv org. Petrat samastatakse tavaliselt Selaga, mis tähistab samuti kaljut, Piibli alusel 2. Kuningate raamatus 14:7 ja Jesaja 16:1.

Pärast Isanda õhus naasmist võtab Ta päästetud vastu ja peab nendega seitsmeaastast pulmasöömaaega, siis tuleb Ta nendega maa peale ja valitseb maailma tuhandeaastase rahuriigi ajal. Nende seitsme aasta jooksul on maa peal koguduse ülesvõtmisest kuni Ta maa peale naasemiseni suur viletsuseaeg ja Iisraeli rahvas peidab end suure viletsuseaja teisel poolel kolme ja poole aasta ehk 1260 päeva jooksul Jumala plaani kohaselt valmistatud kohas. See pelgupaik on Petra (Johannese ilmutus 12:6-14).

Miks vajavad juudid toda pelgupaika?

Pärast seda kui Jumal valis Iisraeli, on arvukad paganate suguharud Iisraeli rünnanud ja taga kiusanud, kuna Jumalale alati vastu seisev kurat püüdis takistada Iisraeli Jumala õnnistuste saamist. Sama sünnib maailma lõpuajal.

Kui juudid mõistavad seitsmeaastase suure viletsuseaja jooksul, et Jeesus, kes tuli maa peale 2000 aasta eest, on nende Messias ja Päästja ja püüavad meelt parandada, kiusab kurat neid viimase hetkeni taga ja takistab juutidel usust kinnihoidmist

Jumal, kes teab kõike, valmistas oma väljavalitud Iisraeli jaoks pelgupaiga, mille kaudu Ta näitab oma armastust nende vastu ja Ta ei hoia tagasi oma hoolivat armastust, mida Ta nende vastu tunneb. Selle armastuse ja Jumala plaani kohaselt, läheb Iisrael hävitajate eest pagemiseks Petrasse.

Täpselt nii nagu Jeesus ütles Matteuse 24:16: *"Siis need, kes on Juudamaal, põgenegu mägedesse,"* saavad juudid seitsmeaastase suure viletsuseaja eest põgeneda mägedes asuvasse pelgupaika ja seal usus püsida ja päästetud saada.

Kui surmaingel hävitas kõik Egiptuse esmasündinud, võtsid heebrealased üksteisega kiiresti salaja ühendust ja põgenesid sellesama nuhtluse eest, pannes talle vere oma koja kahele uksepiidale ja pealispuule. Samamoodi võtavad juudid üksteisega kiiresti ühendust minekukoha asjus ja lähevad enne antikristuse valitsuse arreteerimiste algust pelgupaika. Petra olemasolu on neile teda, sest paljud evangelistid on pidevalt peidupaigast tunnistanud ja ka need, kes ei uskunud, muudavad meelt ja otsivad tolle pelgupaiga üles.

Sinna pelgupaika ei mahu väga palju rahvast. Tegelikult ei saa paljud, kes parandasid kahe tunnistaja ajal meelt, suure viletsuseaja jooksul Petrasse peitu minna ja peavad oma usust kinni ning surevad siis märtrisurma.

Jumala armastus kahe tunnistaja ja Petra läbi

Kallid vennad-õed, kas te kaotasite oma pääsemise võimaluse kui kogudus üles võeti? Siis ärge kõhelge, minge Petrasse, sest see on Jumala armu kaudu teile antud viimane pääsemise võimalus. Varsti leiavad aset antikristuse kaudu sündivad hirmsad õnnetused. Peituge Petrasse, enne kui antikristuse vahelesekkumine sulgeb armu viimase ukse.

Kas te ehk ei jõudnud Petrasse? Siis jääb teie jaoks üle viimane pääsemise ja taevasemineku tee, Isandat mitte salates ja keeldudes metsalise märgist „666". Te peate võitma igasugused hirmsad piinad ja surema märtrisurma. See ei ole sugugi lihtne, aga teil tuleb seda teha, et pääseda igavesest piinast põlevas tulejärves.

Ma soovin südamest, et te ei pöörduks pääsemise teelt ja peaksite alati meeles Jumala lõppematut armastust ning võidaksite julgelt kõik. Sel ajal kui te võitlete ja sõdite igasuguste kiusatustega ja antikristuse tagakius tabab teid, palvetavad teie usuvennad ja –õed südamest teie võidu eest.

Me soovime südamest, et te võtaksite Jeesuse Kristuse enne nende asjade juhtumist vastu ja et teid võetaks Isanda tagasituleku ajal meiega taevasse ja teiegi oleksite pulmasöömaajal. Me palvetame lakkamatult armastuse ja pisaratega, et Jumal peaks meeles teie esiisade usutegusid ja nendega tehtud lepingut ja annaks teile päästeks taas suurt armu.

Jumal valmistas oma suures armastuses kaks tunnistajat ja Petra, et te võiksite võtta Jeesuse Kristuse Messiase ja Päästjana vastu ja saada päästetud. Ma õhutan teid inimajaloo viimase hetkeni pidama meeles teist mitte kunagi loobuva Jumala lõppematut armastust.

Armastuse Jumal saatis enne suureks viletsuseajaks valmistumist ja kahe tunnistaja saatmist teie juurde jumalamehe ja lasi tal rääkida, mis juhtub maailma lõpuajal ja viia teid pääsemisele. Jumal ei taha, et keegi teist jääks seitsmeaastase suure viletsuseaja küüsi. Isegi kui te peaksite pärast koguduse ülesvõtmist maa peale jääma, tahab Ta, et te mõistaksite viimast päästevõimalust ja hoiaksite sellest kinni. See on Jumala suur armastus.

Seitsmeaastase suure viletsuseaja alguseni ei ole enam kaua jäänud. Meie Jumal täidab selle suurima enneolematu viletsuseaja jooksul kogu maailma ajaloos oma armastava plaani Sinu jaoks – Iisrael. Inimese kasvatamise ajalugu lõpeb Iisraeli ajaloo lõpus.

Oletagem, et juudid mõistavad kohe Jumala tõelist tahet ja võtavad Jeesuse Päästjaks. Isegi kui Piiblisse kirja pandud Iisraeli ajalugu tuleks selleks korrigeerida ja üle kirjutada, teeks Jumal seda meeleldi, kuna Ta armastab Iisraeli kirjeldamatult palju.

Aga paljud juudid on läinud ja lähevad oma teed, kuni saabub kriitiline hetk. Kõigeväeline Jumal, kes teab kõike, mis tulevikus sünnib, määras teie pääsemiseks viimase võimaluse ja juhatab teid oma lakkamatu armastusega.

Vaata, ma läkitan teile prohvet Eelija, enne kui tuleb Isanda päev, suur ja kardetav. Ja tema pöörab vanemate südamed jälle laste poole ja laste südamed vanemate poole, et ma ei peaks tulema ja lööma maad needusega (Malaki 3:23-24).

Ma tänan ja austan Jumalat, kes juhib oma lõpmatu armastusega mitte vaid oma valitud Iisraeli, vaid kõigi rahvaste päästeteed.

Autor:
Dr. Jaerock Lee

Dr Jaerock Lee sündis 1943. aastal Muanis, Jeonnami provintsis, Korea Vabariigis. Kahekümnesena oli Dr Lee mitmete ravimatute haiguste tõttu seitse aastat haige ja ootas surma ilma paranemislootuseta. Kuid õde viis ta ühel 1974. aasta kevadpäeval kogudusse ja kui ta põlvitas, et palvetada, tervendas elav Jumal ta kohe kõigist haigustest.

Hetkest kui Dr Lee kohtus selle imelise kogemuse kaudu elava Jumalaga, on ta Jumalat kogu südamest siiralt armastanud ja Jumal kutsus ta 1978. aastal end teenima. Ta palvetas tuliselt, et ta võiks Jumala tahet selgelt mõista ja seda täielikult teha ning kuuletuda kogu Jumala Sõnale. 1982. aastal asutas ta Manmini koguduse Seoulis, Lõuna-Koreas ja tema koguduses on aset leidnud arvukad Jumala teod, kaasa arvatud imepärased tervenemised ja imed.

1986. aastal ordineeriti Dr Lee Korea Jeesuse Sungkyuli koguduse aastaassambleel pastoriks ja neli aastat hiljem – 1990. aastal, hakati tema jutlusi edastama Austraalia, Venemaa, Filipiinide ülekannetes ja paljudes muudes kohtades Kaug-Ida ringhäälingukompanii, Aasia ringhäälingujaama ja Washingtoni kristliku raadiosüsteemi vahendusel.

Kolm aastat hiljem, 1993. aastal, valis *Christian World (Kristliku maailma)* ajakiri (USA) Manmini Keskkoguduse üheks „Maailma 50 tähtsamast kogudusest" ja Christian Faith College *(Kristlik Usukolledž)*,

Floridas, USA-s andis talle Teoloogia audoktori tiitli ja 1996. aastal sai ta Ph.D. teenistusalase kraadi Kingsway Teoloogiaseminarist Iowas, USA-s. 1993. aastast alates on Dr Lee juhtinud maailma misjonitööd, viies läbi palju välismaiseid krusaade Tansaanias, Argentinas, L.A.-s, Baltimore City's, Havail ja New York City's USA-s, Ugandas, Jaapanis, Pakistanis, Kenyas, Filipiinidel, Hondurasel, Indias, Venemaal, Saksamaal, Peruus, Kongo Rahvavabariigis, Iisraelis ja Eestis.

2002. aastal kutsuti teda Korea peamistes kristlikes ajalehtedes tema väelise teenistuse tõttu erinevatel väliskoosolekusarjadel „ülemaailmseks äratusjutlustajaks". Ta kuulutas julgelt, et Jeesus Kristus on Messias ja Päästja eriti „New Yorki 2006. aasta koosolekusarja" käigus, mis toimus maailma kuulsaimal laval Madison Square Gardenis ja mida edastati 220 riiki ja Jeruusalemma rahvusvahelises koosolekukeskuses toimunud „2009. aasta Iisraeli ühendkoosolekute sarja" käigus.

Tema jutlusi edastatakse 176 riiki satelliitide kaudu, kaasa arvatud GCN TV ja ta kuulus Venemaa populaarse kristliku ajakirja In Victory *(Võidukas)* ja uudisteagentuuri Christian Telegraph *(Kristlik Telegraaf)* sõnul 2009. ja 2010. aastal oma vägeva teleedastusteenistuse ja välismaiste koguduste pastoriks olemise tõttu kümne kõige mõjukama kristliku juhi sekka.

2013. aasta maikuust alates koosneb Manmini Keskkogudus rohkem kui 120 000 liikmest. Kogudusel on 10000 sisemaist ja välismaist harukogudust, mille hulka kuuluvad 56 kodumaist harukogudust ja praeguseni on sealt välja lähetatud rohkem kui 129 misjonäri 23 maale, kaasa arvatud Ameerika Ühendriigid, Venemaa, Saksamaa, Kanada, Jaapan, Hiina, Prantsusmaa, India, Kenya ja paljud muud maad.

Tänaseni on Dr Lee kirjutanud 85 raamatut, kaasa arvatud bestsellerid *Tasting Eternal Life before Death (Maitsedes igavest elu enne surma), My Life My Faith I & II (Minu elu, minu usk I ja II osa), The Message of the Cross (Risti sõnum), The Measure of Faith (Usu mõõt), Heaven I & II (Taevas I ja II osa), Hell (Põrgu), Awaken Israel! (Ärka Iisrael!)* ja *The Power of God (Jumala vägi)* ja tema teosed on tõlgitud enam kui 75 keelde.

Tema kristlikud veerud ilmuvad väljaannetes *The Hankook Ilbo, The JoongAng Daily, The Chosun Ilbo, The Dong-A Ilbo, The Munhwa Ilbo, The Seoul Shinmun, The Kyunghyang Shinmun, The Korea Economic Daily, The Korea Herald, The Shisa News* ja *The Christian Press*.

Dr Lee on praegu mitme misjoniorganisatsiooni ja –ühingu asutaja ja president, kaasa arvatud The United Holiness Church of Korea *(Korea Ühendatud Pühaduse Koguduse)* esimees; Manmin World Mission *(Manmini Maailmamisjoni)* alaline president; The World Christianity Revival Mission Association *(Ülemaailmse Kristliku Äratusmisjoni Liidu)* asutaja; Global Christian Network (GCN) *(Ülemaailmse Kristliku Võrgu CGN)* asutaja ja juhatuse esimees; The World Christian Doctors Network (WCDN) *(Ülemaailmse Kristlike Arstide Võrgu WCDN)* asutaja ja juhatuse esimees; Manmin International Seminary (MIS) *(Manmini Rahvusvahelise Seminari MIS)* asutaja ja juhatuse esimees.

Teised kaalukad teosed samalt autorilt

Taevas I & II

Üksikasjalik ülevaade taevakodanike toredast elukeskkonnast keset Jumala au ja taevariigi eri tasemete ilus kirjeldus.

Risti sõnum

Võimas äratussõnum kõigile, kes on vaimses unes! Sellest raamatust leiate te põhjuse, miks Jeesus on ainus Päästja ja tõeline Jumala armastus.

Põrgu

Tõsine sõnum kogu inimkonnale Jumalalt, kes soovib, et ükski hing ei sattuks põrgu sügavustesse! Te leiate mitte kunagi varem ilmutatud ülevaate surmavalla ja põrgu julmast tegelikkusest.

Minu Elu ja Mu Usk I & II

Kõige hõrgum vaimne lõhn, mis tuleb Jumala armastusega õilmitsevast elust keset süngeid laineid, külma iket ja sügavaimat meeleheidet.

Usumõõt

Missugune elukoht, aukroon ja tasu on sulle Taevas valmistatud? Sellest raamatust saab tarkust ja juhatust usu mõõtmiseks ja parima ning kõige küpsema usu arendamiseks.

www.urimbooks.com

www.ingramcontent.com/pod-product-compliance
Lightning Source LLC
LaVergne TN
LVHW041813060526
838201LV00046B/1242